田中角栄　気くばりのすすめ

小林吉弥

ビジネス社

なぜ、田中角栄に人が集まったのか――まえがきに代えて

あの田中角栄元首相が結果的に絶大な権力を手にした最大の背景は、強大無比の全国津々浦々まで張り巡らされた人脈にあった。選挙で当選圏内まであと1000票足りないとの候補のSOSがあると、「分かった！」の一言、電話一本でその地の有力者を動かし、1000票の都合をつけてやったものだった。

なぜ、そんな途方もない人脈を築けたのか。そこには、田中氏の巧み巧まざるの周囲への「気配り」が浮かび上がる。言うまでもなくカネと能力だけで人は動くものではなく、むしろ相手から寄ってくる関係の中で人脈は構築されていく。無理に追いかければ、逃げるのは人間の性《さが》である。田中氏の人脈は、そうしたなかで形成されている。

一方、世の中は急速にAI（人工知能）化が進んでいる。しかし、冷静に文明の変化を見るにつけ、夫婦、友人、あるいはビジネス社会といった人間関係は、いささかの変容はあるにせよ、決して完全崩壊することはない。いやむしろ、索漠《さくばく》とした機械化社会の中で、人間関係の有効性、重要性はより高まるものと推測される。

どうあれ、人が寄り添い集うことはAIにはあり得ない心のやすらぎを得られるし、行

き詰まったときの発想の転換は、結局は人の衆知に頼るしか術《すべ》はないということである。そのためにも人の輪、人脈を広げておくことが、これまで以上に必要な時代と思っている。

さて、田中氏における「気配り」術は、じつに繊細な〝手法〟で駆使されていた。その背景には、田中氏が若い頃から地べたを這いながら得た、相手のどこをどう突けば人は寄ってくるのか、あるいは逃げるのかといった人間の心理が、手に取るように理解できたことがあった。まさに、のちに田中氏の代名詞ともなった「稀代《きたい》の人間学博士」ということでもあった。かく、田中氏の「人間関係論」の軸に置かれていたのが、一にこの「気配り」ということだったのである。

そんな田中氏の「気配り」術の実例を列挙してみたのが小書である。読者諸賢がなるほどと唸る例も、少なからずあると自負している。「気配り」に長《た》けた人物にこそ、人は寄ってくる。この一言、改めて心の隅において頂ければ幸いである。

なお、小書では本文中の敬称は謝して略させて頂き、参考文献においては巻末に一覧明記したことをお断りしておくものである。

小林吉弥

令和6年11月

田中角栄　気くばりのすすめ

目次

なぜ、田中角栄に人が集まったのか——まえがきに代えて　2

第一部　初級編　覚えておきたい基礎知識

①「最大の気配り」とは、相手に対して誠心誠意、全力投球で向き合うこと　12
②「アメとムチ」での新人育成　14
③一流の「芝居」は相手を酔わす　16
④自らの恩惑は二の次と心得る　18
⑤「芸」を磨くべし　21

⑥「盟友」大平正芳の面子《メンツ》を保たせた好例　25
⑦愛嬌《あいきょう》は身を助ける　27
⑧選挙応援でナニワ節披露の奇策　29
⑨落選代議士に事務所をくれてやった話　30
⑩福田赳夫との関係修復に究極の気配り　32
⑪情報量が教える気配りのポイント　34
⑫「公私」のけじめのない気配りは存在しない　36
⑬「造反者」に目をつぶる気配りとは　40
⑭肉親の話でホロリとさせる〝高等戦術〟もある　44
⑮相手の名前をフルネームで覚える手　46
⑯人はカネの世話になることが何よりつらいことを知る　48
⑰真の雄弁とは「ああ、今日あの人の話を聞けてよかった」と思わせること　51

⑱ 情けは人のためならず 53
⑲ 脇はほどほど甘く、懐《ふところ》は深く 55
⑳ 「ころし文句」はかなり有効 60
㉑ 「けもの道」を教える能力があるか 62
㉒ 通産官僚を参らせた術 66
㉓ 「寛容の精神」で人は動く 71
㉔ 「惻隠の情」を知る 76
㉕ 権謀術策には限界がある 79
㉖ 私心、私情をコントロールできるかどうか 82
㉗ 些細な約束を守ることが気配りの入り口 84
㉘ 気取っていては何も始まらない 86
㉙ どんな話でも、結局はポイントは一つ 89

㉚「ノーと言える勇気」を見直す 91
㉛相手を立てて損なことはなにもない 96
㉜田中が見せたもう一つの「度量」 99
㉝「人間平等主義」がもたらすもの 102
㉞人間はやっぱり出来そこないと知る。そこを愛せるかどうかだ 105

第二部

テクニック編 こんな知恵の働かせ方もある

㉟「手抜き」のない行動とは 108
㊱時間の守れない人物はアウト 110
㊲「自分の物差し」は引っ込めよ 112
㊳究極の「人の褒め方」とは 113

㊴「共感力」の醸《かも》し方 114
㊵将を射るなら馬を射よ 117
㊶相手が喜んでくれるなら徹底的にやるべし 120
㊷世の中は「男半分、女半分」の認識を 122
㊸相手の性格をつかむ法 125
㊹ナルホドの「カネの効用」 127
㊺術策なしの人間関係 130
㊻「敵」を動かしたこんな手 132
㊼山口淑子（李香蘭）もビックリの気配り術 134
㊽「人情の機微」に籠絡された2人の代議士 137
㊾男が恥を忍んで頭を下げてきたら、できるだけのことはしてやれ 140
㊿ケチに説得力はない 142

㉛「負けるが勝ち」の心得　144
㉜部下を叱るときはサシで、褒めるときは人前で　147
㉝二階堂元副総裁が田中に心酔したワケ　148
㉞人と会うのが醍醐味になってこそ本物　151
㉟社会は下で支える人で成り立っていることを知る　154
㊱物事にマメであることを厭《いと》うな　157
㊲相手が敵に回らなければ十分とする考え　160
㊳「気配りの鬼」竹下元首相の哲学を学ぶ　162
㊴人の「琴線」を握る強み　169
㊵相手に点数を稼がせる　174
㊶「生物はすべて劣性遺伝」との認識があるか否か　179

初級編

第一部　覚えておきたい基礎知識

エピソード①

「最大の気配り」とは、相手に対して誠心誠意、全力投球で向き合うこと

昭和50年代、北海道選出の渡辺省一《わたなべしょういち》という道議出身の旧宮沢（喜一）派の自民党代議士がいた。初当選を果たした渡辺は、自民党の各派閥へ挨拶回りに出向いた。

その後、渡辺はこう言っていたものだ。

「どこの派閥へ行っても、『おめでとう。頑張ってくれよ』的な激励ばかりだったが、田中派のみは違っていた。事務所へ行くと田中角栄先生以下幹部がズラリと待っていて、全員がすでに〝渡辺省一調査表〟のコピーをにらんでいた。出てくる質問はすべて的を射たものばかりで、なぜ田中派があれだけ強力なのかを見た思いがした。一人の新人議員に会うのでさえ手を抜かず、徹底的に調べあげていたのです」

田中角栄は田中派の若手議員に、平素からよくこうも言っていたのだった。

「何事も相手に対して手を抜くな。誠心誠意、全力投球で向き合うことだ。それが最大の気配りということだ。真の信頼関係はそうした中から生まれる」

思惑ありは、言葉に出る。顔に出る。作為はすぐ見破られる。うまい話は、間もなくバレるようになっている。なにより相手に誠心誠意、全力投球で向き合うことで、交渉事などは一歩前へ進むのだと心得たいものだ。

のちにも改めて触れるが、思惑、野心は誰にもある。そこを、どうコントロールできるかがポイントということになる。

エピソード②「アメとムチ」での新人育成

田中派大膨張のルーツは、田中角栄の自民党幹事長時代にあった。

かつての田中派担当記者は、こんな目撃をしていた。

「選挙で多くの新人が誕生すると、田中はまずそれら新人を料亭に招待する。数人一緒のこともあれば、一人ひとりを招くこともある。座敷では自分は大幹事長なのに一番下座に座り、彼らを床の間を背にした上座に座らせて言うんです。『よくやった。当選おめでとう。これからは、党のために大いに頑張ってほしい』と。新人たちはいい気持ちになっているが、これはいわば田中の〝ジャブ〟で、次の言葉でピシリとキメるのが常だった。

『政党政治なのだから、諸君は幹事長の言うことをよくキモに銘じて努力されたいッ』

新人はここで、一様にビリッとする。ちょっとくすぐっておいてバシッとやるこの手、田中はかつての進歩党大物代議士の大麻唯男に学んだと言っていた」

大麻唯男とは、昭和21（1946）年4月の戦後初の総選挙に田中に出馬を要請した当時の日本進歩党大幹部で、「寝業師」として聞こえた人物である。したたかな人物ではあったが、政治手腕の評価は高く、田中は人心掌握のテクニックをこの大麻から少なからず学んだということであった。新人議員を上手に乗せ、そのうえでピシリと押さえを利かせて人を育てる「アメとムチ」のテクニックも、〝大麻譲り〟のそれだったということである。

二宮尊徳の教訓歌にもある。

「かわいくば、五つ教えて三つ褒《ほ》め、二つ叱って良き人とせよ」

時代がどんなに変わっても、これが人を育てる大きなポイントだ。これも部下、年少者を育てる「最大の気配り」ということになる。

エピソード③

一流の「芝居」は相手を酔わす

「土佐のブルドッグ」の異名を持っていた田村良平という代議士は、佐藤政権時代に時の自民党米価調査会長だった田中角栄と派手なケンカをやったことがあった。

その田村が言っていた。

「米価の値上げをめぐり、田中さんと『上げろッ、上げんッ』で渡り合った。ついに、田中さん私を別室に呼びましてね、『君、ここに3案ある。この中から好きなのを取れ。それで手を打とう』と言う。ところが、この3案ともとても私がのめるものではなかった。

で、私としてはもはやこれまでで、『私は退席しますッ』と言うと、『それも困る』とくる。じゃあということでようやく手を打ったのは、田中さんが言うように、私が机をひっくり返さないで速やかにこの部屋から退席するということだっ

た。**私はこれを実行したんだ**（笑）」

当然、この裏では田中の譲歩、なんらかの田村への〝利益供与〟があったことが容易にしのばれる。当時、藤山（愛一郎）派、その藤山派の解消後、田中のこうした一流の「芝居」に参り酔った田村は、田中派入りをすることになるのである。

さて、こうしてケンカ相手を取り込んでしまうのも、田中の得意ワザの一つであった。チャンチャンバラバラをやったあとも、相手のメンツを潰すことなく、それなりの点数をかせがせてやる。〝一戦〟のあとだけに、なおさら相手の安堵感は相当のものがあることを知るべしである。

同時に、ここで大事なことは、相手と〝落としどころ〟でどう呼吸が合わせられるかということになる。そこがズレると、「芝居」は一気に暗転してしまうことになるから要注意だ。

エピソード④ 自らの思惑は二の次と心得る

のちに衆院副議長となる愛嬌《あいきょう》ある〝会津弁〟で知られた渡部恒三代議士がまだ陣笠で商工委員長のイスに座った頃、「オヤジ（田中角栄）さんにはなんともマイッタ」の弁がいくつかあった。

「例えば、われわれは励ます会や結婚式などの会合、式といったものに出席するとき、まず会場へ行ったら何を話そうかを考える。ところが、オヤジさんの場合はまったく違う。まず、秘書にその会の主役であるその人についての十分な予備調査をさせ、そのデータを頭に入れておく。それを縦横無尽に駆使して話すから、オヤジさんの祝辞には、常にどれとして同じものがなかった。

また、生いたちがどうで、性格がどうのといったような通りいっぺんのそれもない。こうしたことは、相手の身分や地位に一切関係なくやる。甘くみたり、手を抜いたりすることは一切ないということです。

『獅子はウサギを獲るときでも全力を尽くす』という諺の、まさに手本だな。各種の会合に〝田中出席要請〟が殺到するのは、じつはここらあたりにも理由がある。オヤジさんの言葉は、どんな人にも喜ばれるということなんだ」

「オヤジさんが最優先するのは、なんといっても葬式だった。演技でなく人の不幸には、本当に一緒になって涙する人なんだね。

参院議員だった石破二朗（石破茂首相の父）さんが亡くなったときもそうだった。石破さんは亡くなる直前、病室でしきりに夫人に『田中さんに会いたい』と言っていた。それがオヤジさんの耳に入った。すべての予定をキャンセルです。すぐに、オヤジさん、鳥取の石破さんのもとへ飛んで行った。石破さんはその後、間もなく亡くなり、密葬、県民葬と行われたんだが、オヤジさんはそのすべてに出席している。こういう場面になると、自分も親族の一員の気持ちになっちゃうのがオヤジさんなんだ。私もこうしたことにはマメなほうだが、とてもそこまではできるものではない」

「普通、政治家というのは陳情を受けてから動き出す。ところが、オヤジさんは違う。例えば、まず選挙区のどこの村を発展させるには、どこをどうすればいいか、陳情が来る前に自分でとっくに調整、研究ずみだからなんとも話が早い。パッと、その場でイエス、ノーを出してしまう。

『選挙区の役に立てない政治家は失格だ』というのが、オヤジさんの口グセだった。まず選挙区ありきで、地域の発展、地方の時代をつくることが、結局は国のためになる。国のためになることがひいては世界のためになるというのがオヤジさんの考え方で、そのためには困り事の陳情にはできる限りのことはしてやるということだった」

渡部のこれらの言葉からは、田中の自らの思惑は二の次、三の次とするという物事全般に対する誠心誠意の姿勢が改めて浮かび上がる。

改めて、思惑は二の次で十分と心得たい。

エピソード⑤ 「芸」を磨くべし

戦後政治の舞台裏ともなった東京・目白の田中角栄邸母屋が、今年1月8日焼失した。失火とされた。

この母屋は、やがて同じ敷地内に新しい事務所棟がつくられるまで政財官の要人などがひっきりなしに訪れ、一方で田中が時に1日300人を超す陳情客と向かい合うという光景があった。ために、陳情時間は1件につきほぼ3分、田中はこの時間内に受けられるもの受けられないものを判断、受けられるものはその場で関係省庁の担当者に電話、予算化を決めてしまうなど、なんともスピーディーで異例な対応であった。こんな国会議員は、古今、一人としていない。

また、時には郷里・新潟からの陳情客を自らの食事中の部屋に招き入れ、座敷の片隅に某省高官が待っていようがおかまいなし、陳情客のジイサン、バアサンに

「かまわん」と一緒に食卓を囲むといったこともあった。田中のこうした朝食風景は鮭と大根の煮物、油味噌など、食卓は〝しょっぱい郷里・新潟の味〟と決まっており、そうしたなかでは常に笑いのやりとりがあったのだった。

のちに、地元に戻ったそうした陳情客は、隣近所、知り合いに、例えばこう話すのが常であった。

「先生は部屋の隅に大蔵省の局長が待っとるのに、オレたちとたのしそうにメシを食ったぞ」

こうしたことがまさに「オラが角さん」、選挙区での田中人気をさらに増幅させていく大きな要因でもあったのだった。

こうした開けっ広げの陽気な性格の一方で、常に見受けられたのが抜群の気配りということであった。

こんなことがあった。

選挙区から、バアサンの一人が陳情に来た。話では、息子が悪い女にダマされて、嫁と子供を置いて出て行ってしまった、どこにいるのか分からない、なんとか見つけて連れ戻せないものか……、というものであった。

この手の話なら、通例なら秘書あたりが適当に処理するものだが、田中は違っていた。傍らにいた秘書の早坂茂三（のちに政治評論家）に命令、なんと「警察庁長官を電話口に呼べ」であった。田中は電話口に出た長官に住所、名前などを端的に伝えると、バアサンの耳元で「そのうち、いい便りが届くぞ」と話しかけたのだった。

ここでは、言うなら一家出人を警察庁長官に頼んで捜してもらうというべらぼうが可能だった田中の絶対権力者の姿の一方で、頼まれ事にはどんな些細なことでも手を抜かず対応するという一貫した姿勢が窺えたのだった。

この気配りには、次のようなエピソードも絡む。

後日、早坂秘書が筆者にこう言ったものであった。

「バアサンの帰り際、玄関口で、オヤジ（田中）**さんは自ら腰を折ってバアサンの下駄を揃えてやっているんだ。あとで、『オヤジさんがそこまでやることはないでしょう』と言ったら、一喝されたね。**

『お前は、アホか。バアサン、田舎に帰ってみろ。このワシがわざわざ玄関口まで送って来て下駄まで揃えてくれたと、知り合いのみんなに言って歩いてくれるん

だ。ワシの選挙の広告塔になってくれる。ビタ一文、かからんのだぞ。その辺が分からんのか』と」

田中も人間、政治家だから、多少の計算が働いても致し方ない。それを悟られぬ「芸」ということである。前述した一流の「芝居」には、「芸」が伴うことは当然ということである。頭を使い「芸」を磨くべしということになる。

エピソード⑥ 「盟友」大平正芳の面子《メンツ》を保たせた好例

昭和47年7月の「角福」総裁選には、第1回投票に4人の候補者が立った。田中角栄、福田赳夫、大平正芳、三木武夫である。

じつは、このときの大平の立候補については大平派（「宏池会」）内部で議論があった。すなわち、派の領袖である大平が惨敗した場合、大平の将来、政治生命に傷がつきかねない。その〝分かれ目〟は100票取れるかどうかで、3ケタを集めれば近い将来の「宰相候補」であることを党内に認知させることができるが、届かなければアウトだという考えである。大平派では所属議員みなが票集めに奔走したものの、結局、総裁選ぎりぎりになっても3ケタまではあと一歩、手が届かなかった。

大平の「盟友」である田中は、大平の票読みがどうしても100票に10票足りないと聞くと、「分かった。ワシが10票都合する」と確約したのだった。

総裁選当日、第1回投票のフタをあけると、なんと大平は101票であった。

大平はのちに、首相の座に就いた。もとより、このときの田中による101票により、宰相候補としての党内認知を受けていたことが大きかったのである。

昭和55年の衆参ダブル選挙のさなか、大平首相は心筋梗塞を発症して死去したが、田中にとっては生涯の「盟友」に回した票が、「最高の気配り」であったことに間違いなかった。真の友情とは、ここまで守ることが要求されるという好例でもある。

まさに、太宰治「走れメロス」の光景に似ていたとも言えたのである。

エピソード⑦ 愛嬌《あいきょう》は身を助ける

戦後政界の〝芸人〟ナンバーワンは、なんといっても田中角栄だった。浪曲に始まって小唄、端唄、童謡、流行歌、民謡、軍歌なんでもござれで、一説には持ち歌じつに1000曲! かつてのネオン街の流しの資格が1000曲と言われていたから、これはもうプロはだしでもあった。

「悲しい酒」「星影のワルツ」「君恋し」「影を慕いて」「ダニューブ河のさざなみ」「埴生の宿」「坂田山心中」などなど、もともと、記憶力は抜群だっただけに一度耳にした歌はすぐ頭に入り、その〝引き出し〟を開けてきっちり3番まで歌い込み、しばし聴き入る角栄信者のジイサン、バアサンなどを狂喜させたこともあったのである。

小唄に関しては「春日豊年澄《とよとしずみ》」と名乗る名取だったが、かつて師匠にあたる春日とよ年は、田中ののみ込みのよさにこう苦笑していたものだった。

「稽古の最初から、『小唄という小唄は全部覚えてみせる』と言っていらっしゃった。そりゃあ、もう覚えのいい方でしてね。1日に二つあげてしまったことがあるくらいでした。ナミの人なら1年かかるものでも、たった1カ月であげてしまわれる。結局、1年で名取ということで……。十八番はたしか『笠森おせん』、じつはガラガラ声ではない艶《つや》のあるノドです。ナカナカ、よろしいんじゃないですか」

それなりの人物が、そうした芸を披露してみせるのも愛嬌の一つである。愛嬌は、しばしば身を助けることが多いと知っておきたい。

エピソード⑧ 選挙応援でナニワ節披露の奇策

先の愛嬌については、こんな例もあった。

木村俊夫代議士（旧＝中選挙区制下＝〈三重1区〉）といえば外務大臣もつとめたベテラン政治家だったが、田中角栄は自民党幹事長時代、この木村の選挙応援にかけつけたことがある。その夜、木村代議士後援会の宴会が催されたが、当の木村は選挙の運動に出掛け、出席の時間がなかった。

そこで木村の秘書が田中に出席要請で手を合わせると、これがただちに「ヨッシャ」。宴席での田中は、参加者の支援者を前に「今晩は木村先生の代わりにこの田中がお相手するッ」。ナニワ節『杉野兵曹長の妻』『天保水滸伝』の2席をうかがい、ヤンヤの喝采、どよめき去らぬうちカッコよく退席した。

田中の心意気が伝わったか、木村は当選を果たすことができたのだった。

エピソード⑨ 落選代議士に事務所をくれてやった話

郵政、運輸大臣などを歴任した旧〈秋田2区〉選出の村岡兼造代議士が、田中派の面倒見のよさを次のように話していたことがあった。

「議員にとって、落選ほどミジメなことはない。例えば、かつて付けていた議員バッジなしで議員会館を歩いてみなさい。そりゃ、ミジメそのものです。昭和51年12月の総選挙で、私はそれを現実に味わった。誰も声をかけてくれないのだ。

そんなときだった。田中角栄先生から『議員会館のオレの部屋を使え』と言われたのは。しかし、さっきの話じゃないが、議員バッジなしでなかなか会館を歩けるものではない。ために、これだけは遠慮させてもらった。

すると、こんどは田中派の西村英一、二階堂進、小沢辰男、竹下登といった幹部が相談してくれ、砂防会館（東京・平河町）の小沢辰男さんの事務所を使えと言う

んです。12畳ほどの広さがあり、机と電話も置いてくれた。バカにならない家賃でしょう。ところが、部屋代もあちらでもってくれた。『次はしっかり出て（当選して）来い』と激励されてね。

そのうえ、当時、行政管理庁長官だった西村英一さんは『私のところで政務担当の秘書官をやれ。いや、肩書だけで実際は君は次の選挙の準備をしていればよろしい』と誘ってくれ、結局、私は政務秘書官室ももらっていた。これは約1年間でしたが、国家公務員特別職ですから当時で30万円近い月給も出してもらっていた。

落選議員の私が東京で事務所が二つ、上京してくる選挙区の人にも顔が立つし、こりゃあなんとしてもお役に立たなきゃいかんと、つくづくそう思わざるを得なかったものでした」

この手の話がいま通用するとは思えないが、まさに情《なさけ》は人のためならずの好例、なんとものの気配りである。その後、当選復活した村岡は、田中派のために粉骨砕身働いたことは言うまでもなかったのである。

エピソード⑩　福田赳夫との関係修復に究極の気配り

田中角栄という人物が相手に無類の気配りをし、そのうえで相手を〝虜《とりこ》〟にしてしまうというエピソードは、それまでにも多々あった。そんな例の一つが、『週刊ポスト』（2021年4月16・21日合併号）に、おおむね次のように紹介されている。

《田中と福田赳夫（のちに首相）は、死力を尽くした熾烈な自民党総裁選「角福戦争」を経ている間柄である。ために、表向きはともかく両者にはいささかの遺恨、不満を残していて当然である。

大蔵省出身で福田が大蔵大臣時代に主計官として仕え、田中が首相になったときには二階堂進官房長官の秘書官を務めた、両者と接点のあった藤井裕久元財務大臣がこんな話を披露している。

「田中さんが総理に就任したとき、田中さんから『福田さんが来るから、場所をつ

くれ』との指示があった。田中さんとしては、総裁選の対立を引きずらないために、ちゃんと福田さんを招きたいということで、私に命じたと思われます。田中さんは、『仲良くしとかにゃいかん』と言っていましたからね。

で、私が『丸テーブルにしましょうか』と提案すると、田中さんは『それがいい！』とおっしゃられた。角《かど》のあるテーブルでは、どうしても対立感が出てしまう。いらした福田さんは、まず『おめでとう』と言って田中さんと握手をされたのです」

こうした田中の気配りあってか、その後の両人は、経済財政政策への手法での違いはあったものの、少なくとも互いに背を向け合う関係にはならなかったということだった。のちに田中首相の経済政策が行き詰まったとき、大蔵大臣に福田を指名、福田がこれを受諾したのもこうした背景があったということだった》

〝丸テーブルの効用〟については、一見、平凡な気配りに見えるが、よほど神経が行き届いていないとできるものではない。これもまた、田中一流の「芸」と言えた。

エピソード⑪ 情報量が教える気配りのポイント

「田中角栄は勝負にかかると目に殺気が出る。とりわけ、真髄はサシでの話し合いだった。眼光は鋭く、迫力満点となる。〝角福総裁選〟を争った福田赳夫をして、『角さんには押しまくられるから、二人で会うのはイヤだなァ』と言わせたこともある」

これは政治部記者の証言だったが、田中が通産大臣のとき長い間の懸案だった日米繊維交渉問題でも、この〝手〟がいかんなく発揮されていた。

この記者が、こう続けた。

「至難の政府間交渉の田中の相手は、ケネディ大統領特使だった。特使はことさら、日本の繊維の対米輸出の伸びを押さえ込もうと粘った。これに対し、田中は得意の数字を速射砲のように並べて反撃に出た。そのあと、こう言った。

『いいですか。あなたがこれを拒否するなら、これからの日米間は大変なことになると思ってもらいたい。その場合の責任は、あなたにあるということになるッ』と迫った。これに対し、特使は顔面蒼白《そうはく》、ほうほうの体で帰国したものです」

結果、田中通産大臣は米国の要求を呑む一方、日本国内の業界を救済するために2000億円を大蔵省に出させ、交渉を決着させた。同時に、翌年のわが国の繊維の対米輸出は、逆に前年比19パーセント増となったのだった。田中は大平正芳、宮沢喜一の2代の通産大臣が半ばサジを投げていたこじれた日米繊維問題を決着に導く一方で、佐藤栄作首相の米国からの「沖縄返還」も確実なものとし、自らの「ポスト佐藤」も一歩引き寄せたということだった。

リーダーの説得力には、「情報通」であることが求められる。ここでの田中は、繊維問題に関する国内外のあらゆる情報を事前に大量に仕込んでいたとされている。情報量の差で、交渉を緩急自在に操ったということになる。

豊富な情報量を持つことは、相手の弱点も知れると同時に、相手への気配りのポイントが分かるということである。

エピソード⑫「公私」のけじめのない気配りは存在しない

田中角栄は、公私のけじめには厳しい部分があった。

人間はしかるべきポストに就き、いささか権力的立場に立つと甘えが出、残念ながらまたワガママも出る。そうした人物は、それだけのポストに就いたのだからある程度の能力、分別も当然ある。しかし、しょせん人間は弱い。人の眉を曇らせることをやらかす場合も少なくない。とはいえ、人間は弱いものだと甘えているようでは、組織の中で強い指導力を発揮することなどはしょせん無理と思いたい。

まさに、「上、下を知るのに3年」かかるのに対し、「下、上を知るのはたった3日」で、部下は「公私」のけじめのつかぬ上司を早々に見抜いてしまうのが常である。そこから、例えば組織の緩みが出、いざというときの組織の結束力の弱さにつながるということである昭和47年の自民党総裁選。ご案内のように田中、福田の「角福戦争」を経て田中が制しているが、互いの多数派工作は熾烈《しれつ》であった。1票でも負けは負けであることから、自陣への抱き込みのための実弾（カネ）も、相当に飛び交ったともはやしたてられた。しかし、実際は世間で言われたほど、必ずしも目が飛び出るような金権選挙とは言えなかったようだ。

「とりわけ、田中がカネで票を買ったように伝えられたが、対立陣営からのやっかみ部分が多かった。むしろ、田中陣営はポストの〝約束手形〟を多々切っていた。つまり、田中陣営には初めから勝てるとの余裕があったということだ」

とは、当時の田中を推した大平派の議員の証言である。

また、この総裁選では、「角福」陣営には、それぞれにしがらみのある〝迷える議員〟が多々いた。田中とのしがらみはあるものの福田への信奉者もいたし、その逆の議員もいた。あるいは、田中と同じ新潟県の出身ながら、選挙区は「福田王国」と言われた群馬県にあるといった議員もいた。

そうした中に、福田系と色分けされた中曽根派の長谷川四郎、長谷川峻《たかし》という二人の議員がいた。共に、心は揺れたが福田とのしがらみは強い。筋を通すことでも知られていたこの二人は、田中のところにわざわざ仁義を切りに出向いた。田中に、〝了承〟を求めたのである。

「決選投票では、今回は福田さんに投票させて頂くつもりです」

このとき、田中はこだわりを見せずにこう言った。

「友情は友情だ。君はそういう立場にいるんだから、福田さんに投票しなさい」

総裁選がすんだ後、この2人の議員と田中の関係はそれまでと何ら変わるものはなかったのだった。むしろ、信念に敬意を表した形で、田中は自らの内閣で長谷川峻を労働大臣に抜擢《ばってき》した。長谷川峻もそうした田中に報いたか、その後、終生、陰になり日向になり、〝隠れ田中派〟を貫いたものだったのである。

徳川家康。この人物も、「公私」のけじめには厳しかった。

こんなエピソードがある。

駿府城にいた頃、城の庭の池の水の入りが悪く、そんなとき部下がこう言った。

「新しく水を引きたいと思います。途中、小さな寺がありますが、水を引く障害になるので代替地を与え、場所を動いてもらおうと思いますがいかがでしょうか」

しかし、家康は、キッパリと言ったのだった。

「それは、ならぬ。池に水を引くことはオレの私事だ。寺をよりどころにしている民を混乱させるわけにはいかない。池の鯉には少し我慢してもらって、別の方法を考えるべし」

「公私」のけじめに厳しく対処できる人物は、気高さを感じさせる。気高さを前にした人は、異論をはさんでくることが少ない。「公私」のけじめなき気配りは、存在しないと言っていいようである。

ゴルフ場で福田赳夫と

エピソード⑬

「造反者」に目をつぶる気配りとは

組織内から造反者が出る。機密、秘密が持ち出される可能性もある。このとき問われるのが、組織のリーダーの器量でもある。

昭和55年6月の衆参ダブル選挙で、当時の田中の選挙区だった旧〈新潟3区〉から桜井新という若手が立候補した。桜井は早稲田大学理工学部在学中から、東京・目白の田中邸で書生として勤めていた。やがて、新潟県南魚沼郡（当時）六日町で土建業を経営、一方で県会議員をやるかたわら田中の後援会「越山会」の青年部長として、組織固めの才能を発揮していた。言うなら、田中の片腕でもあったのである。

昭和55年と言えば、折から田中がロッキード裁判のさなかにあり、いかに田中とはいえ、このときの選挙は危機感に溢《あふ》れたそれであった。

ところが、こともあろうに「越山会」の中から、〝造反者〟としてこの桜井が出馬の手を挙げたのである。

「山口県でも岸信介、佐藤栄作の兄弟が骨肉の争いをしたということもある。田中先生をいまでも尊敬しているが、選挙は別だ。『政治の再生』『人心の一新』を掲げる」というのが、桜井の〝出馬の弁〟であった。

筆者も、このとき〈新潟3区〉の選挙内を取材したが、桜井は拠点の南魚沼はもとより大票田の長岡市にも後援会事務所を設立、必勝態勢で臨んでいたものだった。長岡市は、田中の〝牙城〟でもあったのである。

ところが、逆に田中は公示の前も後も、桜井の拠点の南魚沼には入らなかったのだった。政界の大実力者が時に街頭で新人候補とやり合うなどは、とても田中にはみっともなくてできかねるということのようでもあった。結果、田中は〝指定席〟のトップ当選、桜井も初出馬にして当選を果たした。

それから約3年後の昭和58年5月9日、田中はその後初めて南魚沼郡六日町に入った。時局講演会に出席のためである。

「**これまで南魚沼へは意識的に入らなかった。桜井君が出たからだ。しかし、もう**

一人前になったから入ることにした」

そう挨拶、万雷の拍手を浴びたものだった。

田中と桜井の間で、果たして選挙地盤の〝棲み分け〟がデキていたのかどうか、いまにしてその真相は分からない。しかし、潰そうと思えば一発で潰せたであろう田中が、あえてこの新人候補の足を引っ張らなかったことだけは事実だった。

こうして久しぶりに南魚沼に入ってから5カ月後、ロッキード裁判一審判決が出、田中は懲役4年の衝撃的な実刑判決を受けた。

その苦境の真っ只中で、その約1カ月後に総選挙があった。結果は、ロッキード事件の余波を受けて自民党は惨敗、しかし田中自身は22万票という〝オバケ票〟を取ってトップ当選を飾ったのだった。22万という票が、いかに凄かったか。〈新潟3区〉全立候補者が集めた票のじつに47パーセントにあたり、2位から5位の当選者の合計が18万票に過ぎなかったことで明らかだった。とりわけ、南魚沼郡は桜井がいたにもかかわらず、田中にも多くの票が出たのである。

「〝造反〟と言われた桜井の初陣に、田中さんは目をつぶってくれた形でこの南魚沼には入らなかった。先生の大きさを改めて見た。こんどは、苦境の先生をわれわ

れが後押ししたのは当然でしょう」

とのちに語っていたのは、南魚沼郡の元「越山会」幹部である。配慮に満ちたリーダーの器量、かくありきということであった。

長岡市西蔵王町の金峰神社にて

エピソード⑭ 肉親の話でホロリとさせる〝高等戦術〟もある

「選挙のとき、苦戦している国会議員が田中のところに頼みに来る。すると、目の前ですぐにその議員の地元の県会議員なりに、『△△はちょっと苦しいんだが、なんとか力を入れてやってくれんか。頼む』といった電話を入れてやる。とにかく、田中は日本全国の政界人脈地図がアタマに入っていて、どこをどう押せばどんな結果が出るかを分かっていた。議員というものは選挙で助けてもらえたかが一番の〝借り〟になるため、とりわけ田中派議員の田中への忠誠心は強かったということがあった。

また、若い官僚などかやって来ると、父親の話をよくやっていた。事前にすっかり調べ上げておいて、『君の親父さんこういう男だったな』と、くすぐるワケです。2世議員の励ます会に出席した場合なんかは、まず父親の話から切り出す挨拶が一つのパターンになっていた。保利耕輔（故保利茂元幹事長の子息）などは、『息子である自分以上に、よく父のことを知いてビックリした』といっていたくらいでした。かく、田中の人心収攬のツボの押さえ方は見事というほかはなかった。

さらに、こうしたことは必ずしも議員相手だけでなく、若い官僚がやって来たときも同様で、話の前にその父親の話をよくやっていたものです。

『君の親父さんはね、こういう男だったんだ』と。懐かしい父親の話を持ち出され、うれしくない人はいない。若い官僚の多くが田中に〝身内意識〟みたいなものを感じてしまう、取り込まれてしまうということです。極めつけの気配り術とも言えた」

田中派担当記者の述懐であった。

肉親の話でホロリは、なかなかの〝高等戦術〟ということになる。

エピソード⑮ 相手の名前をフルネームで覚える手

例えば、外で人に会ったとき「山田さん！」と声をかけられるのと、フルネームで「山田一郎さん！」と呼ばれるのでは、相手に対して親近感を感じるという点では、断然、後者に軍配が上がる。そこまで自分のことを覚えていてくれたのか、と相手の信頼感もグッと変わってくるということである。こうした呼び掛けは、なかなかの人心収攬術と言っていいのである。

田中角栄も、よくこの〝手〟を使った。大蔵大臣時、大蔵省の課長あたりと廊下ですれ違ったりすると、例えば「おっ、佐藤二郎クンじゃないか。元気か」とやる。課長とすれば、大臣がフルネームで一課長のオレのことを覚えていてくれたのかで、いささかの感慨とともに改めて田中への親近感を覚えるということになるのだった。

しかし、記憶力抜群の田中でもフルネームを忘れることはある。例えば、新潟の選挙区で支援者に会ったとき、田中はこんなテクニックでフルネームを引き出してしまうのだった。

「やあ、しばらくだな。元気か。アンタの名前が出て来ない……」

「渡辺ですよ」

「そんなことは分かっている。ワシとジイサンは、ジイサンが村長の頃からの付き合いだからな。バアサンは若い頃、村一番のベッピンだった。下のほうの名前だ」

「三郎です」

「そうだ。思い出した。渡辺三郎さんだった。たしか息子が2人いたな。もう嫁ももらっただろう」

なんていうことはない。フルネームすべてを忘れてしまっていたのだが、下の名前だけを忘れたフリをして、フルネームを引き出してしまうという凄いテクニックである。あとは、改めて両者の距離感は一気に縮まってしまうということになる。

相手にフルネームで呼びかける気配りは、信頼感を得るという点でなかなかの効果があると知りたい。

エピソード⑯

人はカネの世話になることが何よりつらいことを知る

田中角栄の抜群な気配りは、カネに関してもみることができる。

選挙の季節となると、資金が足らずで田中に「ＳＯＳ」を訴えてくる議員が多かった。時に、田中は秘書にそうした議員が選挙活動中の地元にナニガシかを届けさせたものだ。その際に田中が秘書に申し渡したのが、次の言葉であった。

「いいか。お前は絶対に『これをやるんだ』という態度をみせてはならん。あくまで『もらって頂く』と、姿勢を低くして渡せ。世の中、人はカネの世話になることが何よりつらい。相手の気持ちを汲んでやれ。そこが分かってこそ一人前」

合わせて、渡したカネのことは一切、口外することがなかった。

ために、田中から資金援助を受けた議員は口を揃えたように言ったものだ。

「人に知られてみじめな思いをすることがなかった。角さんからのカネは心の負担がないのだ」

だから、田中のもとには人が集まった。

「カネが上手になれて、初めて一人前」との俚諺《りげん》もあることを知りたい。

また、カネに関してはこんな話もある。

戦後間もなくから田中角栄が旧〈新潟3区〉の選挙でシノギを削ったのが、社会党の三宅正一代議士（のちに衆院副議長）であった。田中と三宅は保守・革新と立場は違っても、ともに新潟の豪雪苦や開発の遅れなどからの脱却に、お互いの熱い血をたぎらせてきたものだ。言わば同じ郷土愛を持った「戦友」でもあり、互いにどこかで心を許し合い、畏敬の念も抱いていた。その三宅は先にも触れた大平正芳首相が選挙運動さなかに死去した昭和55年6月の衆参ダブル選挙で落選、それを機に政界を引退した。

田中の凄さが、ここで出た。落選議員は家の子郎党《ころうとう》の面倒も見なくてはならずで、生活は厳しいものである。これを見た田中は、なんと三宅のもとに毎月20万円を送り続けたというのである。

しかし、絶妙の気配りはここからである。

そのあたりの事情を知る人物の証言がある。

「田中は三宅本人には送らず、近い人にこう厳命したうえで送った。『このカネが私から出ているとは、口が腐っても本人に言ってはならない』と。三宅さんのプライドを慮《おもんぱか》ったということだった。結局、このことを三宅さんは亡くなるまで知らないでいた。しかし、人の口に戸は立てられずでやがてこの話が漏れ、『田中はなかなかの男だ』という声が三宅さんを中心とする社会党支持者の間に伝わっていったのです」

この気配りは、田中が選挙で一番苦しかったと言われたロッキード選挙で〝開花〟することとなった。田中はこの選挙で落選もあり得るとのメディア報道を一蹴、じつに前代未聞の22万票を獲得したということだった。「社会党支持者の票がかなり回った」（新潟の地元記者）との見方があったのである。

カネは、「両刃の剣」である。上手に使えば自分の〝栄養〟になるが、ヘタな使い方をすれば人品が卑しくなって評判を落とすのだということを知っておきたい。

エピソード⑰

真の雄弁とは「ああ、今日あの人の話を聞けてよかった」と思わせること

田中角栄の演説、スピーチは「角栄節」と呼ばれ、田中人気の背景の一つであったことはよく知られている。

絶妙の「間」の取り方、比喩、例え話をふんだんに織り交ぜて笑いを誘いつつ、突然、トーンを変えて数字の速射砲を浴びせかけ、現実を突きつけて聴衆の目を醒ます。また、時に「情」を盛り込んでしんみりさせ、そこへ突然どでかい「夢」を投げ込んでくる。そのうえで、結びはビシッと押さえるという、まさに緩急自在のそれであった。聞き終わった聴衆の誰もが酔っ払ったように、「今日、来てよかった」と頬を紅潮させたものである。

田中自身は、こう豪語していた。

「私の演説、スピーチは田舎のジイサンやバアサン、学生、会社の経営者など、誰

が聞いても分かるようにできている。何百人いても、その一人ひとりと対話できる〝一体感〟が成立しているから、皆『ああ、今日あの人の話を聞けてよかった』となるんだ。これが真の雄弁ということじゃないかな」

また、つい熱が入り、演説、スピーチの制限時間がオーバーするときがある。秘書がそっと「時間です」のメモを演壇に置くと、田中はよく「そんなもの放っておけ」と小声で言ったものである。皆が一所懸命、聞いていてくれる。「途中で止められるか」の、田中の心意気であった。

ここでは、「一体感」を醸すために全力投球の気配りがうかがわれるということである。

エピソード⑱　情けは人のためならず

昭和44年から45年にかけて「言論出版妨害事件」というのが、大きな話題になった。公明党が政治評論家の藤原弘達による『創価学会を斬る』という本の出版にあたり、藤原に出版中止の〝圧力〟をかけたというものだった。当時の池田大作・創価学会会長に対する国会証人喚問の要求まで出たのである。

両者の間はこじれにこじれ、公明党は当時「日の出の勢いの幹事長」の声のあった田中角栄に仲裁を頼んだ。田中はたびたび藤原に接触、汗をかいたが、藤原が「(公明党が依頼した) 田中幹事長からの圧力があった」と語ったことなどで、公明党はさらに窮地に陥ったのだった。

「なんとかならないか」となおも泣きつく公明党幹部に、田中が発したのは「しゃあないな。そんならワシが勝手にお節介をやいたことにしておけばいい」との言葉だった。

結局、この事件は「田中がお節介をやいた」ということでウヤムヤになったが、助かったのは公明党とそれを支える創価学会だった。

やがて、創価学会の池田会長が公明党幹部にこう語ったとされている。

「田中さんへの恩義を忘れてはいけない。いつか総理にしてやりたいな。面白い政治をやるかもしれない」

情けは人のためならず。人の失敗を背負ってやるという上に立つ者の俠気、器量を示すエピソードである。

その後、長く田中と公明党の「蜜月」状態が続いた。田中が首相になり、一気に日中国交正常化を果たしたが、その先兵として中国に渡って根回しに動いたのは、当時の公明党委員長の竹入義勝でもあった。

いま自民党が公明党と政権を維持している連立は、25年の長きに及んでいる。連立の良し悪しは別にしても、形だけは少なくとも「政治の安定」に寄与していることは間違いない。

その〝ルーツ〟をたどると、田中がつくった連立だと言ってよかったのである。

エピソード⑲ 脇はほどほど甘く、懐《ふところ》は深く

世の中はどこを向いても競争社会であり、企業、あらゆる組織でも権力抗争は多々ある。もとより、こうした権力抗争に勝つこともあれば、負けることもある。

ここで大事なことは、たとえ勝っても、負けた相手を〝土俵の外〟にまで追い込んではいけないということである。完膚なきまでに叩きのめし、相手が立ち上がれないようなケンカは不必要ということである。

仮に、相手を土俵際まで追いつめても、実際の相撲ではないのだからそこで勝負あった、それ以上なおも相手を土俵の外へ押し出す必要はまったくないということである。要は、相手に「余地」を残しておいてやるべきだということである。いつか、そうしたケンカ相手と手を握ることだってあり得る。そのことがやがて、役に立つ日が必ずあるということである。

言葉を換えて言えば、ケンカ相手を土俵の外まで追い込んでしまうようなタイプは、脇が固すぎるということになる。脇が固すぎたり、逆に甘すぎたりは「ケンカ大将」にはなれないということでもある。

一方で、田中角栄は脇がほどほど甘く、懐が深かった典型と言える。

こんなエピソードが残っている。

かつて、参院全国区から当選した円山雅也という人物がいた。当時、円山はテレビなどで顔を売っていた弁護士だった。初当選は新自由クラブで、その後、自民党に転じ、田中派と一線を画していた三木（武夫）派を継承した河本（敏夫）派に所属した。

その円山が自著の出版記念パーティーを開いたのが昭和55年1月、時に田中がロッキード事件から自民党を離脱、無所属に転じていたときである。円山はこうした場合のシキタリとして、自民党の衆参の全議員に招待状を出すとともに、「元総理」に敬意を表した形で、当時、無所属だった田中のもとにも出しておいたのだった。

円山の弁が残っている。

「私は新自由クラブ当時、組織委員長として全国で田中元総理の悪口をさんざん言

い続けてきている。まあ、ニラまれていた一人なんです。その元総理から、まさかと思っていたら『喜んで出席させて頂く』という返事があった。ところが、パーティーの前日、秘書の方がわざわざ私のオフィスにやってきて、『田中の知人が急逝し、まことに残念なのですがどうしてもこちらに出席できなくなりました。申し訳なく……』と、丁重なお断りの挨拶をされる。その言葉のあとで、さらに頭を低くされ、『これはほんの……』とご祝儀まで置いていかれた。

なぜ、悪口ばかり言ってきた私にここまでと思いましたが、ご祝儀はともかく、こういう姿勢で臨まれる田中流の人心収攬《しゅうらん》の妙がよく分かったような気がした。まさに、脇をほどほど甘く見せて、懐の深さを感じさせたということだった」

以後、もとより円山はすっかり田中批判を収めてしまったものだ。

一方、平成21年9月、自民党を野党に転落させ、民主党政権で首相のイスに座ったのは鳩山由紀夫であった。

鳩山はそれまでの実力政治家の多くがそうであったような権謀術策を弄《ろう》するという政治手法を好まず、旧来の発想にとらわれない言動をする人物であった。言うならば「新感覚派」であり、一時は「政界新人類」とも言われたのであった。

そのうえで、鳩山にはリーダーとしての資質を問うこんな見方もあった。

平成8年9月、鳩山が政権を取る前の民主党を立ち上げた際、鳩山は社民党の村山富市（元首相）、新党さきがけの武村正義（元蔵相）といった長老、ベテラン議員に、「参加をご遠慮願いたい」とピシャリ戸を立ててしまうという〝排除の論理〟を持ち出したのである。

当時の民主党担当記者の弁が残っている。

「村山や武村といったベテランには、修羅場をくぐってきた知恵というものがある。民主党には、自民党との間で真の情報交換できる者がいない。党の二枚看板の菅直人代表も幹事長代理だった鳩山も、ともに脇が固すぎる。ために、国会運営は行き詰まるし、党内の異論をまとめ上げていくこともまたできない。だから、結論はいつも曖昧《あいまい》なままとなっている。必ずしも意に添わなくとも、長老やベテラン議員の話を聞き、いいことは活用するくらいのほどほどの脇の甘さが鳩山には望まれる。もし、〝排除の論理〟を発揮していなかったら、民主党はもう少ししたたかな政党になっていたかもしれない」

かつて、河野一郎という実力政治家がいたが、すんでのところで天下取りを逸している。一郎は、自民党元総裁の河野洋平の実父であり、その息子の河野太郎（前・デジタル相）の祖父にあたっている。天下が取れなかった要因の一つに、人物の好き嫌いが激しく、言うなら脇があまりにも固すぎたということがあったと言われているのである。

ここでは、改めて田中の名言が思い出されることになる。

「世の中の真理は、白と黒だけではない。広大な中間地帯（グレーゾーン）がある。それを味方にできないようでは、とても天下は取れない」

脇の固さはほどほど、懐は深くとしているのである。ケンカ相手を二度と立ち上がれぬようにすることは、あまり意味がないと心したい。

エピソード⑳ 「ころし文句」はかなり有効

「ころし文句」という言葉がある。

これ一つ使えないようなリーダーは部下の強い求心力は得られないし、部下のリーダーへの印象もまたイマイチということになる。

「ころし文句」とは、端的な言葉一つで相手の心をわしづかみにし、気持ちをぐっと引き寄せてしまうセリフを指す。読者の皆さんのなかにも、彼女を口説くとき「キミに会って運命が狂った」など、歯の浮くようなセリフを吐いたこともあったのではないか。これも、「ころし文句」の一つである。

この「ころし文句」、〝一発〟でキメられるかが勝負どころとなる。クドクドやられては、彼女にとって身もフタもなく、むしろ逆効果になる場合が多いことに要注意である。

田中角栄は、ある意味でこの「ころし文句」使い手の権化のような人物であった。巧まずこれが出、多くの人がトリコになったということである。

元田中派担当記者の証言がある。

「例えば、選挙のときなど田中派の秘書軍団の多くは一堂に集まり、深夜まで同派議員たちの選挙の下働きをやっている。そこへひょっこり田中が顔を出し、ねぎらうんです。『やぁやぁ、ご苦労さん。すまんなァ』と。夜中にわざわざ超多忙、大実力者の田中がここまで気遣いをしてくれる。秘書たちは、一発で参ってしまうわけです。こうした話は、ゴロゴロありました。見事な『ころし文句』でした」

ちなみに、父親のＤＮＡ（遺伝子）を引いたか、娘の田中眞紀子（元外相）もなかなかの「ころし文句」の使い手だった。演説、挨拶では、例えば「私は同じ人間として、皆さんと一緒にここに生きている。だから、心を一つにして日本をよくしたいんですッ」など、その場の空気を読んで一気に聞き手の心を取り込んでしまうのである。

「ころし文句」の一言は、高度な気配り術の一つと言える。１時間の説得、話に勝ることを知りたい。

エピソード㉑ 「けもの道」を教える能力があるか

「けもの道」。山や森で、猿、鹿、猪らの動物が通ることで自然につけられた道である。人が山中で迷ったら、この「けもの道」が見つけられれば幸いだ。猿や鹿や猪はこの道を辿り、餌を求めて人里に出る。人はこの「けもの道」を下って行けば、助かるということである。

人生、もとより平坦な道や青山ばかりではない。楽しかるべき、人生行路とはならないようにできている。文字通り山あり谷あり、激流に足を取られ岩を這い登ったりしているうちに立ち往生、陽はすでに落ちて心細い、誰か助けに来てくれないかとなる。

そうした状況下、天啓のように現れるのが田中角栄ということだった。

例えば、政治家。何よりも大事なのは、選挙である。田中は、「選挙の神様」と言われた。必勝ノウハウの伝授、「SOS」の声を挙げれば選挙資金の面倒も見てくれる。応援が欲しいとなれば、多士済々「総合病院」と言われた田中派の幹部を見つくろって回してくれる。そして、安全圏まであと一歩となれば、頼めば電話1本でどこの選挙区でも有力者を動かしてくれる。まさに、「困ったときの角頼み」だったのである。

渡部恒三（元衆院副議長）はそんな田中に参った一人だったが、こんな述懐をしたことがあった。

「オヤジ（田中）さんは、本当に困ったときは敵味方関係なく助けに出ていた。場合によっては、『けもの道』も教えてやっていた。やはり敵を味方にすることによって城を増やしていった、あの秀吉に似ている。あるいは、明治、大正、昭和を通じて国家主義者として大御所的存在だった頭山満にも似ている。頭山はコブシで牛を殺してしまうほどの腕力がある一方、一匹の蚊に涙する人だった。たっぷり自分の血を吸わせて、そっと放してやる人だった。こういうの、日本人は好きなんだな。

あるいは、オヤジさんのことを『金権』といった単純な図式でしか理解できない

人を、僕は不幸だと思っている。選挙でも何でも、『君を買っている』『心から応援しているから、頑張れ』では、結局、人は動かない。これは、一般社会でも同じだ。時にカネの援助があって本当に助かる人もいれば、『けもの道』を教えてもらって窮地を脱せる人もいる。かえって、キレイごとばかり言っている奴ほど、ろくでもないのが多い。自分のことしか考えていないという奴だな」

人間は、自分一人の発想には限界がある。とりわけ、リーダーは迷える部下に「生きるための知恵」を与えられないようでは、その器量が問われる。そこに至るまでの歳月、経験の豊かさからすれば、リーダーたる者は多くの知恵を身につけていて当然である。それを自分だけの知恵としてしまいこんでいるようでは、部下との距離は埋められないのである。

昭和10年、「蒼氓《そうぼう》」という作品で第1回芥川賞を受賞した作家の石川達三は、うまいことを言っていた。

「女房だろうと誰であろうと、人間を愛するためには、ある程度、噛まずに丸呑みにしなくてはダメだ。牛肉だって、あまり長く噛んでいると、うまくも何もないカスになってしまう」

座談会『文藝春秋』昭和29年10月臨時増刊号に掲載された写真

エピソード㉒ 通産官僚を参らせた術

歴代首相の中でも、飛び切りの「官僚使いの達人」は田中角栄であった。その田中は「官僚に納得して仕事をしてもらうには、政治家側に3つの要素が求められる」として、次のような言葉を残している。

「まず、こちら（政治家）に相手（官僚）を説得する能力があるか。次いで、仕事の話にこちらの私心、野心といったものがないか。そして、相手が納得するまで最終的な議論をやる勇気、努力があるか、となる」

日本の政治体制は明治時代の太政官制度以来、官僚組織に支えられている。官僚が首をタテに振らない限り、政治家が目指す政策は1ミリたりとも前に進まない。そのくらい、わが国の官僚たちは優秀ということでもある。田中は、そんな能力の高い官僚たちを「コンピューター」として評価していた。

なるほど、官僚の多くは東大法学部卒で、法律の成り立ちや歴史的背景が頭にきっちり入っており、現行法の枠内で考えさせれば、どうにでも解釈してくれるほどの能力がある。

しかし、その一方で時代の変化に対応する法運用などには、融通が利かないのが特徴だ。加えて、プライドが人一倍高く、責任を取らされることを嫌う。こうした〝癖のある人種〟でもあるだけに、政治家側も対峙《たいじ》の仕方がなかなか難しい。

田中は冒頭のように3つの要素を駆使して、こうした官僚を見事に使いこなしたのである。世上では「官僚をカネとポストで蹂躙《じゅうりん》した」などの声もあったが、それはあくまで一側面で、田中という政治家の本質をまったく分かっていない見方と言っていいだろう。

なぜなら、官僚はプライドが高いだけに、能力が乏しいと見抜いた政治家には表向きは呼吸を合わせた格好はとっているものの、それ以上、積極的に尽くすことはないからである。

一方で、能力があると見抜いた政治家には、寝食を忘れて「公僕」として政策づくりに汗を流すという特性がある。カネやポストなどで左右されるタチの悪い官僚などはほんのひと握りで、多くは冷静かつ秘めた情熱家が多いということでもある。

先にも記したが、こんな例を改めて見てみよう。

昭和46年10月、通産大臣として臨んだ日米繊維交渉の大詰め政府間交渉である。日米繊維交渉は昭和44年12月、時のニクソン政権が日本に対し、繊維製品の自主規制を求めてきたことから始まった交渉だ。しかし双方の主張に隔たりがあり、田中の前の大平正芳、宮沢喜一の両通産大臣は米国に押し切られ、3年かけてもまとめることができなかった。ところが、田中は通産相に就任するや、抜群の勉強力、弁舌能力、頭の回転の速さを発揮し、わずか3カ月余で決着させてみせたのである。

時に、これ以上こじれたら日米関係が決定的に悪化し、すでに昭和47年5月と決まっていた佐藤栄作首相による「沖縄返還」が宙に浮きかねないところにあった。「ポスト佐藤」の天下取りに照準の田中としては、ために交渉はなんとしても決着させなければならなかったという事情もあった。

田中がここで打った手は、いささか理不尽ではあっても相手の要望も呑む一方で、日本の繊維業界を救済するため2000億円で業界の損失を補償するというものだった。当時、通産省の一般会計予算は約4000億円であり、そのうちの半分を繊維業界のために使うというのは産業界全般を管轄する通産省としてはできない話であった。しかし、田中は佐藤首相にかけ合い、一般会計とは別枠で大蔵省から2000億円を出させることを決めたのだった。

そのうえで、次の作業は大蔵省側と通産省側の事務折衝である。大蔵省は、「官庁中の官庁」である。通産省側は、頭を低くして折衝にあたる必要があった。田中の本領、一流の気配りはここで出たのだった。

『田中角栄のふろしき』（前野雅弥・日本経済新聞出版社）によると、おおむね次のようなものであったとされている。

――田中通産大臣は時の小長啓一秘書官（のちに通産事務次官・アラビア石油社長）にこう命じた。

「ワシの名刺を持って来てくれんか」と。

小長が名刺を渡すと、田中は万年筆で名刺の裏に「徳田博美主計官殿　2000億円よろしく頼む」と書き、小長に「これを（徳田に）届けろ」と言った。小長は

徳田主計官にこの名刺を届けた。

じつは、この名刺の裏書きは、「官庁中の官庁」大蔵省で通産省の事務方が〝門前払い〟をされぬようにとの配慮だったのだ。すでに大蔵大臣も了解していることで、〝門前払い〟などはあり得ないことだったが、ここでは事務方の折衝が少しでも円滑に進むべく、あえて自分の署名を入れた名刺を持たせたという、なんとも細かい田中一流の気配りだったのである。

卓抜な政治手腕を見せつけられたうえここまでやられては、官僚たちが田中に平伏するのは当然と言えば当然だった。大蔵省や建設省などとともに、この日米繊維交渉を経て、通産省もまた「田中官庁」の色合いが強まったことは言うまでもなかったというエピソードでもある。

エピソード㉓ 「寛容の精神」で人は動く

「ワシが何よりも大切にしているのは、人との接し方だ。戦略や戦術ではない」

田中角栄がよく使った言葉だが、これを臆測してみると、人と接する場合はまず掛け値なし、まっさらな状態で向かい合うことを心がけようとしているようである。たとえ自らの〝人物鑑定〟が間違っていても、その場合は目をつぶれ、相手を許せといった「寛容の精神」が、田中の処世訓でもあったということである。

大正14（1925）年4月、田中は新潟県刈羽郡（現・柏崎市）二田村の二田尋常高等小学校に入学している。田中はこの学校に高等科2年を加えて8年間通い、「終生の恩師」とも呼ぶ草間道之輔と出会った。草間は同校の卒業生でもあり、のちに校長を経て、県教育界から絶大な尊敬と信頼を得た人格者であった。

当時、学校で一番大切な場所とされていた講堂の正面には、草間の手になる校訓が額入りで掲げられてあった。その校訓は3つあり、「至誠の人、真の勇者」を真ん中に、左右に「自彊不息《じきょうやまず》」「去華就実《きょかしゅうじつ》」とあった。それぞれ、真心を尽くせる人こそ本当の勇者である、常に努力を怠ってはならない、何事も飾らず実直にすべし、という意味である。

のちに田中は自著『私の履歴書』（日本経済新聞社）で、「私という人間のすべては、この校訓に親しんだ8年間につくられたと思っている」と明言している。また、郵政大臣として母校を訪ねた際に揮毫《きごう》を頼まれ、「至誠の人、真の勇者」としたためる自分の姿を、「草間先生がじつにうれしそうな顔で見ていた」と懐かしそうに振り返っている。まさに、人生は人との出会い、邂逅《かいこう》である。人との出会いによって、初めて「寛容の精神」もまた学び得ることを知ったようであった。

田中がその「寛容の精神」を体得したのは、じつは少年期のこんな出来事がきっかけだった。

人生を夢見、15歳で単身上京してまず働いたのは、井上工業という日本橋の土建会社で、その本社は群馬県の高崎にあった。仕事は言うなら〝小僧〟としての雑用係である。ここでは朝5時に起き、掃除などを済ませたあと、昼間は工事現場の手伝いでリヤカーを引き、職人の手配、さらには建築用材の船からの荷揚げなど、沖《おき》仲仕《なかし》まがいの仕事までこなした。

一方で、夜は夜学に通うことを許され、向学心に燃えていた田中は日本橋から自転車を飛ばし、神田三崎町の研数学館、正則英語学校などを掛け持ち、猛勉強に明け暮れた。そうしたなかで、いささか気短かな田中は現場監督の無理強いに我慢ならず、ケンカをして1年足らずで退職を余儀なくされた。失業である。

以後は新聞広告を頼りに、社長と若い記者二人だけの小さな雑誌社で記者のタマゴを経験したあと、自分から新聞に「夜学生、雇われ度し。住込みもよし」の〝三行広告〟を出すといったこともした。それで声がかかったのが、芝琴平町にあった高砂商会という輸入貿易会社であった。

人生には往々にして、人のそれまでの考えを変える〝事件〟に遭遇することがある。少年時代の田中は、この高砂商会で初めて「寛容の精神」の大事さを実感したのだった。

高砂商会は高級カットグラス製品などを輸入しており、田中の仕事は自転車を駆って、それを得意先に納品するというものだった。ところが、ある日、夜学に間に合うように自転車を飛ばしたことで、カーブを曲がりきれず転倒、日本橋のデパート「高島屋」へ納品するはずの高級カットグラス製品を粉々にしてしまった。

高砂商会の社長の名は、五味原といった。田中はこの五味原に詫び、破損の弁償を申し出たが、五味原は「まぁ、怪我がなくてよかった。そのうえ君がお得意さんに代わりを届けてくれたのは何よりだった」と弁償は不要、むしろいたわりの声をかけてくれたのである。もし弁償となれば、原価で計算しただけでも月給の4～5カ月分を返上しなければならなかった。

田中はこのときのことを振り返り、前出の自著で、おおむね次のように述懐している。

「奥さんを含めて、この五味原さんから『寛容』ということを学んだ。誰でも不注意による過失はある。以後、自分でもこうしたことは絶対にとがめずという原則、処世訓を身につけることができた。ためか、私は一貫して人に恵まれて仕事ができた。つくづく運のいい男だと思っている」

田中は小学校の校訓と若き日の失敗のなかから、「寛容の精神」を身につけることができた。やがて、それが生きた形で実を結び、政界の階段を駆けのぼる原動力になったということである。

上京を前に母親フメさん、姉フジエさんと記念撮影

エピソード㉔「惻隠の情」を知る

先の「寛容の精神」と、「惻隠の情」は表裏一体である。

田中角栄がかつて高く評価していたのが、今年10月の衆院選で当選じつに19回目を飾り、いまや最古参の国会議員となった立憲民主党の小沢一郎であった。過去を振り返ってみれば、小沢は田中が自民党幹事長を務めていた昭和44年12月の総選挙で、27歳で初当選している。田中はこの若き小沢に、幼くして亡くした長男の面影がダブったようで、他の若手議員とは別格のかわいがりようだったのだ。

財界人と囲む料亭での宴席では自らの隣に小沢を座らせ、こう言ったものであった。

「コイツがやがて総理になるんだ」

田中はとくに、「一郎は人の見ていないところで汗を流している。これがいいんだ。決断力もなかなか、ドスンと断ち切るナタの魅力がある」と評価していたものであった。

その後の小沢については、読者諸賢も記憶に新しいところであろう。田中が脳梗塞で倒れたあと、とりわけ竹下登との確執から自民党を離れ、2度の政権交代の〝立て役者〟となった。時に「剛腕」といわれ、時にその政権を自ら壊すような言動も辞さずで「壊し屋」の異名もあった。

その小沢も前回の衆院選では初めて選挙区敗北を喫し、比例区でかろうじて復活当選を果たしている。〈岩手3区〉は「小沢王国」と言われて久しかったが、若手の自民党候補に選挙区当選を奪われ、選挙当時79歳の高齢も手伝って「一つの時代が終わった」という見方も出た。しかし、今年9月の立憲民主党代表選挙で野田佳彦元首相を担ぎ、しぶとくも政権交代の夢を捨てていないようである。

そうしたなか、小沢という政治家と「師匠」であった田中との決定的な違いについて、こう語っていた田中派の古参議員がいた。

「二人の違いは、人間として〝惻隠《そくいん》の情〟があるかないかだろうね。オヤジ（田中）さんはどんなに不愉快なことをされた相手でも、あとでヤアヤアと言い合える関係

に戻ることが多かった。怒鳴ったり叱ったりしたあとでも、自分がやりすぎたと思えば謝る素直さもあった。

対して、小沢は怒鳴ったりしないが気に入らぬとなれば背中を向け、距離を置いてしまう。要するに、いさかいが一度でも起こると相手とは口を利かない間柄になってしまうのだ。ために、側近と呼ばれた人たちが結局は次々と小沢のもとを去っている。オヤジさんと小沢を比べれば、人徳の差と言ってもいいだろう。人徳がなければ、どんな実力者でも人は離れていく。〝惻隠の情〟は人徳の大きな要因になる」

〝好漢〟小沢の心中《しんちゅう》やいかに、である。

小沢一郎と

エピソード㉕ 権謀術策には限界がある

いまから40年以上も前になる昭和55年、永田町では選挙をめぐってこんな〝事件〟があった。

体質的にも合わなかった田中角栄と三木武夫の両実力者は、政治的にあらゆる局面でぶつかっていた。田中が金脈・女性問題で退陣すると、後継首相に選出された三木は自らの権力維持と田中の影響力を排除するため、事あるたびに〝仕掛け〟を絶やさなかったものだ。

三木は「政界浄化」や「金権政治打破」を訴え、自ら「クリーン三木」を標榜《ひょうぼう》していたが、一方でなかなかの策士としても聞こえていた。田中はそうした三木の〝仕掛け〟があるたびに、「しょうがねぇなぁ」などとボヤくにとどまっていたが、たった一度だけ大激怒したことがあった。

前述した部分もあったが、ざっと振り返っておく。

同年5月、時の大平（正芳）内閣に、社会党が内閣不信任決議案を提出した。ところが、事もあろうに自民党の三木派、加えてその尻馬に乗った福田赳夫率いる福田派の大勢が、事実上の賛成となる本会議採決を欠席し、不信任案が可決されるという不測の事態となったときである。

折から、翌6月には参院選が待ち受けており、大平首相は不信任案可決を受けて、衆院解散を決断する。田中と大平はもとより「盟友」関係にあり、政局の読みに鋭い田中は「これなら絶対に勝てる。政権は守れる」として大平に秘策を進言、大平はこれを承諾して史上初の衆参ダブル選挙に突入したということだった。

さて、一方でなお収まらないのは田中である。権力闘争が絶えぬ政界のこと、ある程度、暴れるのはかまわない。対立政党の社会党が提出した不信任案に、自民党から若干の同調者が出るケースはこれまでにもあった。しかし、派閥単位で同調するという前代未聞の〝反党行為〟は、どうしても許せなかった。田中の体内に、こんなことでは自民党および日本の政治自体を誤らせるという思いが、ふつふつと湧き上がってきたかのようであった。

不信任案が可決されたその日、田中派では衆参両院議員が集合して緊急総会が開かれた。マイクを握った田中は顔を真っ赤にして、流れる涙をハンカチでぬぐいながら、すさまじい形相で次のような大演説をブッたのだった。

「諸君ッ、今日だけは口に出して言わねばならん。自分のためにだけあらゆることをして、恥じることのない者は、断固、これは排除せざるを得ないッ。日本を誤らせるような行動だけは、絶対に許すわけにはいかないのであります。われわれのグループは、このことだけは守ろうではないか。諸君のためには、あらゆること（資金を含めての支援）をする。皆、上がって（当選）くるんだ！」

この大演説に聞き入っていた、田中派の若手議員が、こう言った。

「田中先生は、普段から私らに『馬鹿野郎、どこを見ているんだ。日本の政治をやっているのに、私情で動いてどうするッ』と、よくカミナリを落としていた。下手な駆け引きはもとより、権謀術策を本当に嫌っていた人だった。謀《はか》りごとには、限界があると知り尽くしていたのです。ために、あの大爆発の演説があった。田中先生の演説は常に迫力満点だったが、あそこまで凄絶《せいぜつ》なものは見たことがなかった」

エピソード㉖ 私心、私情をコントロールできるかどうか

田中角栄は常日頃から、若手議員に向けて口癖のように言っていた言葉がある。前項の三木武夫のとった行動への不満爆発とも一致したような言葉である。

「おまえらの言動には、野心、思惑がもろに出ている。そんなことで、先輩議員にかわいがってもらえると思っているのか。野心、思惑は誰にでもある。問題はそれを表に出さず、どうコントロールしていくかだ。それができずに、人脈などできるわけがない。とくに、リーダーは最後の判断を〝公六分・私四分〟の精神でやるべきだ。私心、私情は捨てろ。公を優先した判断なら、たとえ失敗しても逆風をかわせる」

田中にはこうした名言、金言が少なくないが、組織の中で生きる例えばビジネスマンなどには〝ピカ一〟と思われるものがある。

「世の中は、白と黒ばかりではない。敵と味方ばかりではない。その間にあるグレーゾーンが一番広い。そこを取り込めなくてどうする。真理は常に中間にありということだ。そのあたりが分からんヤツは、リーダーとして大成できるわけがない。政治家なら、天下を取れるわけがない」

まさに野心、思惑を抑え、私心、私情に目をつぶるという「公六分・私四分」の精神を示唆した言葉でもある。こうした心がけが、やがては人を集めることにつながり、田中は豊富な人脈に支えられて天下を取ったということでもあった。

読者諸賢がリーダーとして判断に迷ったとき、自らの私心、私情がいかなるものか、謙虚に自省してみれば光明を見つけだす余地が必ずや生まれると思われる。

エピソード㉗

些細な約束を守ることが気配りの入り口

几帳面な性格だった田中角栄は、一度約束したことはどんな些細なことでもいい加減にはしなかった。

田中は自民党幹事長時、日韓関係の混乱、日米安保の自動継続、燃えさかる中での学生運動に対する大学法案、沖縄の本土復帰への推進問題などで、たびたび、社会党と渡り合った。

当時の社会党幹部のこんな証言が残っている。

「角さんは国会の控え室、社会党本部といわず、バンバン電話を入れてくる。委員長、書記長とも怒鳴り合った。しかし、ケンカではない。お互い主張は違うが、お国のためにはこちらのほうがいいとのぶつけ合いです。角さんは『ここまでは譲る。しかし、あれとこれとはダメだ。ワシは約束したことは、どんな些細なことで

も守る。考えてくれ』と、当事者能力を持ってぶつけてくる。そこには、私心というものを感じなかった。

われわれにとっては、角さんはこうしたやり方で譲ると約束したものはきちんと守ってみせた信用のできる人物だった。手ごわかったが、交渉相手としては上等な人物だった。われわれの面子《メンツ》を潰すことなく、点数もかせがせてくれた。ために、一つの対決が終わると、また笑って会える人物でもあった。こうしたことが、角さんの強大な人脈形成の背景でもあったとみている」

エピソード㉘ 気取っていては何も始まらない

田中角栄は首相になる前の大蔵大臣、自民党幹事長、通産大臣時代を通じて、じつにマメに宴席に顔を出していた。政界の実力者に加え、〝庶民派〟としての人気も抜群だっただけに、中央政界の中堅・若手議員、財界、地方議員、中小の事業家等々、「田中先生のお話を聞きたい」と〝宴席出席要請〟が途切れることがなかったのである。

結果、田中はよほど多忙でない限り、週2日か3日をこうした宴席の出席にあてた。例えば、5つあるその日の宴席出席要請を3つほどに絞り、午後6時、7時、8時と設定、3時間で3つの宴席を駆け足で回るのである。場所は、赤坂、新橋、築地、神楽坂、向島といった具合にまちまちだから、車で移動する時間を考えると、一宴席にいられる時間は長くて40分ほどということになる。

宴席の主役は田中だから、屏風の前に座り、設けた側の幹事あたりから「まあ先生、一杯」となるのが普通だが、田中は座敷に入ると例によって「やあ、やあ」の第一声、時間もないことから屏風の前には座ることなく、ただちに集まった者たち一人ひとりのところに出向いては、膝を折って自ら酒を注ぎ、また返杯を受けては話をするといった具合だった。

こうした田中の幹事長時代の宴席に出席したことのある、当時の自民党中堅議員は言っていた。

「私を支えてくれる選挙区の県会、市会議員10人ほどをお連れしたことがある。事前に『どの先生をお呼びしようか』と彼らに相談すると、一致した答えが『田中角栄先生』だったのです。

先生は自分ら一人ひとりの前に来、盃《さかずき》を手に『おお、そうか。それは、こういうことだ』などと、偉ぶるところはまったくなしで、笑いをまじえて率直な話をしてくれていた。料理には、一切手を付けずにです。国民に人気のある庶民派政治家とはこういうものか、先生が退席されたあとの出席者全員が、『今日は本当によかった』と、先生にお目にかかったことを心の底から喜んでくれた。私も面目がたっ

たものでした」

こうして、田中は週に2日か3日、3つばかりの宴席に出席していたのだったが、仮に一つの宴席の出席者が10人としても1日に30人を〝虜《とりこ》〟にしてしまうことになる。これが週に3日なら90人となり、月に360人ほどが〝田中ファン〟になってしまう勘定になる。年間ならなんと4000人になるのである。

田中の広大無比と言われた人脈は、こうした形でもつくられた。そっくり返っている人間、気取っている人間に人脈形成は無縁、何も始まらずで人は寄って来ないということでもある。

エピソード㉙

どんな話でも、結局はポイントは一つ

田中角栄は「ワカッタの角さん」と言われたように、長話が大嫌いだった。

田中の秘書を務めていた早坂茂三が、こう言っていたことがある。

「オヤジ（田中）さんの話というのは、簡潔、平易、明快が特徴だ。話に、起承転結などはない。ズバッと、まず結論から入る。その結論には筋道が立っているから、どう出たとしても誰もが納得するようになっている。一度、若い政治家の相談が終わったあとにオヤジさんに聞いたんだ。『もう少し、ジックリ聞いてやればいいじゃないですか』と。

するとオヤジさんいわく『どんな話でも、結局はポイントは一つだ。そこを見抜ければ、物事は3分あればおおかた片付く。あとは、結局ムダ話だ。大体、忙しいワシがムダ話に付き合っている余裕はない。長話は、奴ら（部下）だってヘキエ

キするだろう』だった。真理は、常に簡明であるということだ」

「我惟《おも》う。故に我在り」で知られるフランスの哲学者にして数学者だったデカルトも、次のような名言を残している。

「よく考え抜かれたことは、きわめて明晰《めいせき》な表現をとるものだ」と。

1972年7月の写真（首相官邸ホームページ）

エピソード㉚ 「ノーと言える勇気」を見直す

部下にとって一番困る上司とは、判断を仰いでも「イエス」「ノー」が明確、迅速に出てこない人物である。部下にゲタを預けることで、責任回避、自己保身が透けて見えるということでもある。

ひるがえって、田中角栄は陳情はじめあらゆる頼まれ事で、曖昧な返事は一切なく、受けられるものは即「イエス」、どう判断しても無理なものは「ノー」と即断した。

田中同様の〝叩き上げ〟で国政に出、のちに官房長官や自民党幹事長として米誌『タイム』に「自民党きっての最高戦略家」と報じられたこともある野中広務は、出身の京都府園部町議会の議長時代、時に30歳で郵政大臣に就任した田中への陳情を通じて、初めて会ったものだ。

そのときの田中の印象を、野中はおおむね次のように告白している。

「園部町の郵便局が老朽化して困っているからと、建て替えのための陳情書を持って目白の田中邸へ伺った。田中さん、ろくに私の説明も聞かず、『郵便局か。よし分かった』と言うや、傍らの秘書に『早急に処置』との文言のメモを渡し、『すぐ役所に届けろ』と言っていた。その翌年6月には、田中さんは内閣改造で郵政大臣を辞められていたが、キッチリ補正予算に郵便局の改築費用を入れておいてくれた。

以後も田中さんとは何度も顔を合わせたが、できること、できないことの判断はなんとも早かった。例えば、陳情でも、その人の肩書きなどは関係なく、その陳情が本当に必要なものか否かの判断で即断した。政治家かくあるべきを教えられたものだった」（**『新潮45』平成28年7月号＝要約**）

その後、野中は国政に転じるや、迷わず田中派入りをした。すでに、田中は金脈・女性問題で首相を退陣、さらにロッキード事件で逮捕という〝汚名〟を背負っていたが、田中派入りに対しての支持者の批判、異論を超え、あえて田中に身を預けたということだった。

ちなみに、この野中にはこんな名言もあり、「ケンカは必ず格上とやれ。格下に勝っても頭角を現す兵数（兵士の人数）にはならない」というものだった。「野中流」を借りれば、ケンカをやる場合は自分の上司、上役とやれということになる。上司からすれば、部下とのそれは時として〝いじめ〟として受け取られることもある。ガップリ四つの相撲を取ってくれてこそ、また部下の拍手があるということでもある。

田中自身は、この「イエス」「ノー」の即断について、こう語ったことがある。

「たしかに、ノーと言うのは勇気がいる。しかし、逆に信頼度が高まる場合も少なくない。なまじ『もしかしたら』の期待感を持たされて、結局ダメとなった場合は、落胆の度合いは深まる。失望感は、初めにノーと断わられた以上に倍加するものだ。イエス、ノーは、ハッキリ言ったほうが長い目で見れば信用される。交渉事も、また同じだ」

こうした好例は、田中が首相時代の昭和48（1973）年10月の、当時のソ連（現・ロシア）との北方領土返還に関わる外交交渉にも見られた。時の交渉相手は、タフ・ネゴシエーターで知られたブレジネフ書記長で、田中との間の首脳会談は激しいやり取りが展開されたものだった。

田中は領土返還交渉の本筋に入る〝前段〟の話し合いでも、昭和20（1945）年8月9日、ソ連が6日の広島に続く長崎への米軍の原爆投下による敗戦必至を見て取り、「日ソ中立条約」を破って侵攻してきた非をぶつけた。そのうえで、中国は数百万人の抑留者を日本に送り帰したが、一方でソ連は非道にも何十万人もの関東軍兵士をシベリア送りにしたではないかと、日本人の持つソ連への許せない感情を臆することなくたたみかけたのであった。

ブレジネフはそれに対し、「中国の対応は、あれはメシを食わすのが大変だから帰したのだ」と切り返したが、田中はなおも「何を言うか。多くの同胞は極寒のシベリアでろくにメシも与えられず、無念の思いで死んでいったのだ」と、一歩も譲らなかった。こうしたあまりの田中の剣幕に、ソ連側の関係者からは「アイツは極東の野蛮人だ」との声が出ていたのだった。

こうした〝前段〟のあと、いよいよ領土返還交渉に入ったのだが、ブレジネフはこんどは会談後に発表する日ソ共同声明の文言問題で言を左右、「領土」の文言を入れることを拒否してきたのだった。

しかし、ここでも田中は譲らなかった。ブレジネフの〝ゴリ押し〟に対して迫力満点のノーの連発、ついには共同声明に「領土」の文言は入れられなかったが、「第2次大戦の時からの未解決の諸問題」との文言を盛り込ませたのだった。

このとき田中の訪ソに同行取材をした政治部記者は、帰国後、こう言っていた。

「田中は顔を真っ赤にして、ブレジネフにこう言ったそうだ。『〝領土〟の文言が入らないなら、共同声明を出さずに帰国するつもりだ』と。これは、中国での日中国交正常化交渉のときと、そっくり同じスタンスだった。この一言で、ブレジネフは、ある程度、田中の意向を入れざるを得なくなった。なぜなら、一方でソ連は経済共同開発を宙に浮かせることができないという事情を抱えていたからだ。ブレジネフの〝弱み〟を巧みに読み切って交渉にあたった田中の、『ノー』の威力を見せつけた外交交渉だった」

エピソード㉛ 相手を立てて損なことはなにもない

心理学の概念の一つに、「返報性」というのがある。相手に親切などをされると、それに報いる〝お返し〟の必要性を感じる一方で、嫌なことをされるとこっちも黙っていられない、何か報復したいという気持ちになることを指している。まさに〝人間心理〟ということである。

田中角栄について言えば、マイナスの意味での「返報性」とは無縁に近かった。よほどひどいことをされた相手には〝憤怒〟だが、大方は放っておいたものだった。

ロッキード事件で何ら惻隠の情を発揮せず、自らの逮捕を〝許諾〟した三木武夫に対しても、「三木にやられたッ」と悔しがりはしたが、遺恨を持ち続けることはなかったものだ。まさに、以前にも触れた「寛容の精神」ということだが、相手に対してまず損得勘定では動くことはなかったのである。

そうした好例は、首相の座に弾みをつけるポストとなった自民党幹事長時代の、野党との向き合い方に見ることができる。もとより政治家として将来を期し、野党とのパイプづくりに励んではいたが、それにおいて〝見返り〟への期待が先行したということはほとんどなかったものだった。

昭和46年、時の民社党委員長の西村栄一が急逝し、民社党内はドタバタが予想された。当時、春日一幸は同党の副委員長を務めていたが、後継はこの男しかいないとにらんだ田中は、議員会館にある春日の部屋に駆けつけて言った。

「君、民社党もこれから何かと大変だろう。困ったことがあったら、何でも言ってきてほしい。できる限りのことはする」

結局、春日が後継の民社党委員長となり、西村の時代と比べて、野党の中でも自民党への〝協力度〟がグンと増したのは言うまでもなかったのだった。

また、田中は「自社」対決時代の社会党に対しても、変わらぬ姿勢で臨んでいた。社会党は先の民社党以上に手ごわかったが、当時の社会党幹部の一人がこう言っていたのを思い出す。

「角さんは『困ったことがあったら、何でも言ってくれ。役に立つよ』とオープンに接してくれた。実際に党として助かったこともあるし、なかには選挙の際に何かと角さんの世話になった者もいた。

しかし、〝世話〟はしても法案などをゴリ押ししてくることは一切なく、交渉術のポイントを常に〝自民4・社会6〟の姿勢で臨んでいた。自民党の主張の根幹部分は譲らなかったが、わが党の言い分もきちんと聞いてくれたということだった。それまでの幹事長とは、このあたりがだいぶ違っていた」

エピソード㉜ 田中が見せたもう一つの「度量」

ロッキード事件は複雑な構図を持っていたが、簡略に言えば田中角栄が5億円の賄賂を受け取ったのではないかといった疑惑であった。米ロッキード社がトライスター機の日本国内での販売拡大のため、全日空（ANA）、商社の丸紅らに金銭の絡んだ売り込みをした中で、田中にも賄賂が渡ったのではということであった。

結局、田中は逮捕され、のちのロッキード裁判で金銭の授受を全面否定し続けたが、裁判さなかに脳梗塞で倒れ、その死によって真相解明を残したまま裁判は終了してしまっている。

その後、ロッキード事件については識者らがさまざまな検証を行ったが、例えば評論家の田原総一朗は、元首相の田中が逮捕までされたのは「米国の〝虎の尾〟を踏んだからだ」という見方をした。また、こうした見方への支持は多くあったのだった。

田中がソ連（現・ロシア）などに接近し、原油、液化天然ガスの調達に動いたことが、米国の石油メジャーにとって〝裏切り〟であることが一つ。もう一つは、当時のニクソン米大統領が、同盟国である日本の頭越しに中国に接近するなか、田中もまた「日中国交正常化」に動き、エネルギー資源の調達同様、米国の言いなりにならぬことで同国から敬遠された。すなわち、米国の〝虎の尾〟を踏んだことで、罠《わな》に落ちたのだとする見方であった。

一国の首相とは、民主主義国家であれば絶対権力者として国民の上に立つと同時に、国民という〝上司〟を支える部下でもある。かく、田中は国民の〝部下〟として、危機管理という国益を模索するなかで失脚を余儀なくされたとも言えたのである。

このロッキード事件に対しては、国内外のメディアが多方面からありとあらゆる報道をしており、なかには田中にとって名誉毀損《きそん》に該当しそうなものもあった。

ある日、顧問弁護士が「あまりにひどい報道がある。告訴したらどうですか」と問うと、田中はキッパリ言ったそうだ。

「ワシは日本の総理大臣を務めた者だ。自分から日本国民を罪におとすようなことはできない」

ここでは、告訴すればまた〝泥仕合〟が表沙汰になることからこれを避けたとも見られる一方で、田中の言葉には「度量」もまた浮かび上がるということでもあった。

リチャード・ニクソン大統領（右）と

エピソード㉝

「人間平等主義」がもたらすもの

羽田《はた》孜《つとむ》元首相が、こう言っていたことがある。

「私の父親が入院している病院に、同じ田中派の梶山静六代議士（のちに自民党幹事長）の運転手も入院していた。私は父親の見舞いの折にはいつもこの運転手の病室に顔を出していたんだが、ある日、この運転手が青い顔をして言うんだ。『先生、大変なんです。最近はどういうものか、前と違って立派な医師が次々と私を診察に来る。もしかしたら、私は医学的にとくに興味のある病気じゃないでしょうか』と。

で、私は院長に聞いてみた。すると、どうだろう。院長いわく、『田中角栄先生から電話をいただきましてね。どうか運転手さんをよく診てあげてほしい。よろしく頼む』と。田中さんとは、改めてこういう人なんだと思った」

ここでは、人を地位などでは一切差別しない田中の「人間平等主義」がうかがえる。人に好かれる、人がついて来るゆえんがうかがえるということでもある。

加えれば、ロッキード事件公判中の昭和54年2月、当時の中曽根（康弘）派のベテラン秘書が話してくれたこんなエピソードもある。

「地方出身のわが派のある議員に面会するため、議員の地元後援会の青年たちが上京したときのことです。もとより派閥会長の中曽根先生には会ったが、『せっかくだから何とか田中角栄先生に会えないものか』という要望が出た。すぐには無理だろうと思いつつ連絡を取ってみると、田中先生は折りから風邪で39度の熱、自宅で安静にしているさなかだった。こりゃあとても無理だと思っていると、田中先生いわく『かまわん。皆を目白に連れてこいッ』と許可が出たんです。

田中邸の庭で、まず先生は『熱はまだあるが、昔、母親がやってくれたように焼いた長ネギを首に巻いていたら、だいぶ楽になった』と話され、その後、じつに40分間にわたって、青年たちに政治のあるべき姿を諭すように話された。青年たちは先生の風上に壁のように並び、冷たい風に当てぬようにして話をうかがったものです。

あとで青年たちは、『われわれ田中派でもない議員の後援会に対して、田中先生はここまでやってくれた。こんな感激は、生まれて初めて味わった』と口々に言い合い、その興奮ぶりは大変なものだったのです」

自ら正しいと思ったことは、私心なく果敢に実行する。最大の気配りということだろう。こんな人物がどんな組織でも周囲から慕われる典型であることは、言うまでもない。

田中角栄は、徹底した「人間平等主義者」であったのである。一考に値する。

エピソード㉞

人間はやっぱり出来そこないと知る。そこを愛せるかどうかだ

「人間はやっぱり出来そこないだ。神様みたいな人は少ない。皆、失敗はする。その出来そこないの人間を愛せるかどうかだろう」

前項の「人間平等主義」を敷衍《ふえん》した田中角栄の政治と向き合う姿勢、あまねく人間を見る眼差しの集大成の言葉である。

長く田中に心酔、「オヤジ」と慕っていた渡部恒三（元衆院副議長）は、こう言っていた。

「オヤジさんの絶大な権力はカネで手に入れたという奴がいるが、間違っている。僕は、心で手に入れたと思っている。政治への姿勢も、まず国民ありきだった。周りの人間に厳しいことも言ったが、その眼差しには常に愛情があった。だから人がついて来た、ということに尽きるね」

辛苦の中から這い上がってきた田中の透徹した人生観から出たのが、「人間はやっぱり出来そこないだ。そこを愛せるかどうかだ」とした先の言葉である。読者が胸にとどめておいて、決して損はないと思われる。

中国の初代総理・周恩来と

第二部　こんな知恵の働かせ方もある

テクニック編

エピソード㉟

「手抜き」のない行動とは

第一部の「基礎知識」を頭に入れたら、そこにもう一つ知恵を働かせた気配りを心してみよう。相手の向き合いかたが、一層、前向きになってくれるだろうことからである。

東京・目白の田中邸には、田中の最盛期、毎朝３００人ほどの陳情客、地元新潟からの支援者などが押し寄せていた。当然、田中角栄はこれら数十組ものグループと会うことになる。同時に、話が終わったあとは、これらグループと次々と記念写真を撮ることになる。帰る客が、あとで「角さんと撮った写真だ」と喜んでくれるからにほかならなかった。

そんな光景を田中の秘書の一人が、次のように証言してくれたことがある。

「田中先生を最前列の真ん中にして、時には30～40人が一緒の写真におさまること

がある。そんなとき、先生はひょいと立って写真屋さんのレンズの前まで行き、全員がキチンと入っているかを確認することがある。『右端の人はもっと左に寄れ。背の高いのはうしろの人が写らないから、位置を変えなさい』などと指示する。

あるとき、私はこう言った。『先生、写真屋さんがちゃんとやってくれますよ』と。すると、先生は言った。『皆、ワシに会いたくて来ているんだ。ちゃんと写っていなかったら、写ってない人はどんな気持ちになる。写真屋に任せてはおけんだろう』と」

些細なことでも、手抜き一切なし。いや、些細なことにより神経を使った田中であった。ために、田中は田舎のジイサン、バアサンも含めて、誰からも圧倒的に好かれたということだった。旨とする全力投球に、手抜きはあり得ないのである。

「上」の者が示してくれる気配りは、「下」の者にとってはどんなにうれしいものか。人間の深層心理をいやというほど見抜いた、これも田中ならではの「芸」と言えたのである。

エピソード㊱ 時間の守れない人物はアウト

田中角栄は、ことのほか時間に厳しかった。自分も約束した時間は1分たりともおろそかにしなかったが、他人にもそれを要求した。時間の守れぬ人物は、結局、何をやってもいい加減、中途半端でダメ、アウトだと、人を見る大きな目安としたのだった。

昭和40年代半ば、のちに農水大臣をやることになる当時、田中派1年生だった佐藤守良《もりよし》という代議士は、田中からこんな〝一喝〟を食らった思い出がある。

佐藤が言っていた。

「私が経済界とのパイプが乏しかったことから、オヤジ（田中）さんに六本木の料亭で当時の日本商工会議所会頭だった永野重雄さんを紹介していただくことになった。私が約束の時間ギリギリに座敷に入ったら、すでにオヤジさんが憮然《ぶぜん》とした顔

で座っている。オヤジさんより遅かった私は、『申し訳ありません』と畳に頭をこすりつけ、そのまま永野さんが現れるまでついぞ頭を上げられなかった。

オヤジさんのあのときの恐ろしい顔は、無言で私に世の中の〝筋〟というものを教えたと思っている。若いお前が先に来て、お客さんを待つのが当たり前だろうと。以後、時間に対する厳しさは私の人生哲学にもなっている」

社会、組織の中で大成した者で、時間にルーズな人物はいないということを知っておく必要がある。

エピソード㊲

「自分の物差し」は引っ込めよ

昭和44年12月の総選挙で、時に27歳、初当選を果たした小沢一郎（現・立憲民主党）に、時に佐藤（栄作）派の幹部にして自民党幹事長だった田中角栄は、〝政治家入門〟に際してピシリとこう言い置いたのだった。

「まず、身内（注・所属派閥の佐藤派のこと）を知ることに神経を使え。身内のこともよく知らないで、一人前の口を利いてはいけない。〝自分の物差し〟ばかりで物を言うな。こういうのは、使いものにならない。自分の物差しは引っ込めて、黙って汗を流すことだ。いいところは人に譲ってやれ。物事はかえってうまく運ぶことが多い。損して得取れだ。第一、人にも好かれる」

損をして、初めて得が巡ってくると思いたい。相手を〝いい気分〟にさせて損はないということでもある。

エピソード㊳

究極の「人の褒め方」とは

田中角栄が大蔵大臣時代、その出張に同行した政治部記者のこんな証言がある。

「田中は新幹線のグリーン車の同じハコの前方に、支援の労働組合幹部と一緒の社会党代議士が乗っているのを見つけた。田中は、ツカツカとその代議士に歩み寄った。日の出の勢いと言われていた大蔵大臣の田中だったことから、その代議士は一瞬ビックリした顔をした。ここで、田中の気配りの妙が出た。

『参った、参った。予算委員会ではすっかりキミにうまいところを突かれたな。(労組幹部らに向かって)彼がもし自民党にいたら、とっくの昔に大臣か党の三役くらいはやっている人物だよ』と言った。後日、東京に戻ったこの社会党代議士、このときの新幹線での田中との話が支援労組内に知れ渡り、『代議士はじつはナカナカの人物なんだ』と大いに株を上げたものです」

エピソード㊴

「共感力」の醸《かも》し方

筆者は若い頃、政治評論家の岩見隆夫から次のような話を聞かされ、大いに納得した思い出がある。筆者自身もすでに田中角栄という政治家に興味を持ち、その演説、スピーチをだいぶ耳にしていたからである。

「参院議員をやった中山千夏（元タレント）は、かなりリベラルな考えの持ち主で、一般的には〝角栄嫌い〟として知られていたが、ある日、田中の演説を目の当たりにして見方が一変したと言っていた。田中の話は全力投球で、決してひけらかすことがなく、難しい事柄も誰もが理解できるようになっているから、聞いているうちに、つい、なるほどと取り込まれてしまったそうなんだ。

彼女は『田中さんは、凄いね。なんだかんだしゃべっているうちに、最後は私なんかでも共感させちゃうんだから』と言っていた。考え方がいささか違っている人たちでさえ、自分の土俵に引きずり込んでしまう〝共感力〟の巧みさは、改めて田中ならではということになる」

つまり、田中が醸し出す「共感力」は、相手に対して嘘がない、発する言葉に術策がない真剣勝負からくるものであった。ために、例えば部下が心酔する要因の一つにもなり得たということである。

こんな話もある。首相官邸を守る専任の警備隊は平成14（2002）年に創設されたが、それまでは同地域を管轄している警視庁麹町警察署が担当していた。かつて筆者は、その署員から次のような言葉を聞いたことがあった。

「麹町署の警備担当者は歴代首相を見てきているが、断トツ人気は田中角栄だった。夕方に官邸を出ていくときは、誰もが出入り口の署員詰め所に向かって、車の中から手を上げるか、会釈のようにほんのちょっと顔を下げる。しかし、田中先生のそれは、なんとも心がこもっていた。

わざわざ自分で車の窓を開け、例の片手を上げるポーズで『ご苦労さん』と声をかけてくれる。だから『田中先生のためなら、もし何かあったときは、自分はいつでも命を投げ出せる』と、うなずき合っていた署員が少なくなかったものです」

また、田中は首相、閣僚時代を通して、衆参の本会議場のヒナ壇に入ってくると、まずヒナ壇後部に座る事務局職員に必ず片手を上げての〝あいさつ〟を欠かさなかったものだった。自民党ベテラン議員の証言が残っている。

「ここまで神経を行き渡らせたのは、田中さん一人だけ。他の首相、閣僚でこうした〝あいさつ〟をした人物を見たことがなかった。もとより、『心からのご苦労さん』の意味ですね」

こうした田中の麹町署員への向き合い方に対し、ある日、担当記者が田中本人に聞いたことがあった。

「なぜ大実力者のあなたが、一般の人たちにいちいち『ご苦労さん』『ありがとう』などと頭を下げるのか」と。

田中はサラリと、こう返したそうである。

「君ね、人への感謝の気持ちが自然に出るのは当たり前のことじゃないかね。その程度のことができんような奴が、ものになるわけはないいな」

エピソード㊵ 将を射るなら馬を射よ

郵政省は大蔵、通産、建設の各省と並んで、田中の官僚人脈の極めて強いところと言われていた。田中は昭和32年7月、弱冠39歳の大臣としてここに乗り込んだわけだが、その際にみせた人心収攬の妙となんとものの気配りのエピソードがある。

「就任後1週間ほど経ち、赤坂の料亭で郵政大臣就任披露の宴会をやった。そのさなか、田中が例の片手を上げるポーズで、『ちょっと失礼』とやって席をはずした。暑い日だったので、みな暑がり屋の大臣が上着でも脱ぎにいったと思っていた。ところが、現れた大臣のイデタチは、なんと白の絣《かすり》の着物に絽《ろ》の羽織、しかも仙台平《せんだいひら》のハカマ姿とくるから一同ギョッとなった。

するとやおら扇子をパタパタやりつつ、『じつは私には趣味がありましてね』とウナリ出したのが、ナニワ節の天保水滸伝だったのです。これが、霞が関初公開のナニワ節披露ということになったわけです。まァ、それほどうまくはなかったが、これを聴いていた郵政省詰め記者の一人が、『角栄はナニワ節をやるよ』って、NHKにご注進に及んだ。郵政大臣といえばNHKへのニラミは絶大、NHKも大臣に一つウナってもらえばソンはなかろうということか、当時のラジオ『三つの歌』に出演依頼したものでした。これがのちに出演して、人気の一方で非難も浴びることになるんですね。

さて、その宴会がハネたとき、料亭玄関口に客用の土産の包みがあった。それを帰り客に、同じやつを二つずつくれる。フシギに思っていると田中いわく、『一つは奥さんにもって帰ってくれと言う。当時、こんな心配りのできる若い政治家などはいなかったから、大いに話題になったのです」

「大臣就任の秋だったが、角さん主催の郵政省役人を集めての、ガーデンパーティーを目白の椿山荘でやったんです。これに参加したのは本省課長以上の50人ほどで、郵政省記者クラブからも10人以上が参加した。ところが、このパーティーには〝参加条件〟がついていたんです。すなわち、当時はまだそんな風潮はなかったのに、『夫婦同伴のこと』と。しかも、これが〝大臣命令〟ということだったので、

仕方なく既婚者は全員が夫婦で出席することになった。

当日、会場で角さんは奥さんたちを前に、こう一席やった。『私は常日頃、皆さんのご主人には大変お世話になっている者ですが、これもひとえに奥さん方のおかげということであります。本当にありがとう』と。奥さん連中からは、『ステキな大臣』との声がだいぶ出ていた」

いずれも、当時の郵政省詰め記者の話である。

記者とのパイプを確かなものにするために、よりその奥さんに気配りをする。まさに、「将を射るなら馬を射よ」の故事の踏襲ということになる。

エピソード㊶

相手が喜んでくれるなら徹底的にやるべし

田中のこうした〝女性攻略法〟については、こんな話もある。

昭和31年、まだ陣笠代議士だった田中は自分の選挙区旧〈新潟3区〉内に中永線という鋪装道路を完成させた。その竣工式の当時の予算は60万円だったが、田中は式そのものの費用を30万円に切り詰めさせ、残った30万円をなんとも〝有効〟に使ってみせたのだった。

なんと、その30万円で男もの女もの合わせてすべて和服の反物を買ってしまったのだった。道路完成で世話になった建設省の役人と、その奥さんに贈るためであった。

当時の竣工式関係者の証言がある。

「田中先生は反物屋に持って来させたなかから、『あいつはこれだ。こっちのほう

が似合う』など、自分で色柄を選んで決めていた。反物などは、せっかくもらっても似合わなければありがたみも半減する。先生は、なんと事前に役人本人、奥さんの年齢、容姿などを調べ上げていた。先生に聞いたものです。『こんなことまでやるんですか』と。先生いわく、『当たり前だろう。相手に喜んでもらうなら徹底的にやってあげることだ。中途半端な親切は生きない』と。建設省役人の奥さんの評判が上々だったのは言うまでもなかった」

やがて田中がガソリン税など「道路三税」をはじめ戦後復興の基礎をつくる議員立法を次々に成立させるなかで、建設省は先の郵政省同様、やがて「田中官庁」と言われるようになっていったのだった。

「田中流」〝女性攻略法〟の気配りを、侮ってはいけないようである。

エピソード㊷ 世の中は「男半分、女半分」の認識を

「戦後の政治家のなかでは、宴会などの座持ちのうまいのは田中がピカ一」と、これは多くの関係者が認めるところであった。

古い政治部記者の一人は、〝宰相のお座敷〟をこう言っていたことがある。

「芸者を呼んでも、いつも遊ばせているのは田中。佐藤栄作は座敷の真ん中にデンと構えるが、人なつっこさがないから芸者も近寄って来ない。三木武夫は座敷のスミで、向こうに人の集まっているのを、ジッとうかがっているのが常でしたナ」

なるほど、歴代首相の中で田中角栄くらい女性にモテた首相はいなかったようだ。あまたの政治家の中でも、ダントツと言ってよかったのである。

例えば、花街の座敷でもカネをきれいに使った、笑いが絶えぬほど明るい座敷などがその要因だったが。もっと言えば、かける言葉一つひとつが、芸者あるいは仲

居さんたちのいわゆる女性の本質を読み切った〝遊ばせ上手〟だったことが大きかった。自分が若くして社会の泥水を呑みながら、幾多の「心理戦争」をくぐり抜けてきた〝成果〟が、それをさせたと言ってよかったようである。

そのうえで、田中の女性の本質を見る目は、若手議員などによく口にしていた次の言葉が直截的に物語っている。

「選挙でもそうだ。男は、一杯飲ませて握らせれば転んでくれる。しかし、女はそうじゃないぞ。一度こうと決めて支持してくれたら動かない。浮気はしない。むしろ、あちこちで宣伝に努めてくれる。近所の奥さんに売り込んでくれる。〝歩く広告塔〟になって支持を取りつけてくれるのだ。女性の支持こそ大事にしろ」

会社など一般の組織も、また同じである。女性の支持の厚いリーダーは、組織での地盤がなかなか強力であることが多い。目配りが利くから女性の支持があると言ってよく、その目配りはリーダーたる必須要素と言ってもいいのである。

一方で、昭和51年8月、ロッキード事件で逮捕、保釈された田中は、まず田中事務所にいる男性秘書の奥さん方へ、電話で〝お詫び〟を入れたという話がある。

「奥さん、すまんかったな」というものであった。

田中の逮捕で、男性秘書の気持ちも揺れている。それ以上に、夫のこれからを案じているのがその奥さんである。結果、この電話一本で田中事務所の秘書の結束が固まったと言われている。世の中の半分は女性なら、改めて女性への気配りを軽んずべからずということになる。

塩屋町町民の前で演説

エピソード㊸

相手の性格をつかむ法

旧〈宮崎1区〉出身の大原一三代議士といえば、大蔵省出身で政策マンとして定評があった人物である。

昭和51年暮の総選挙で初当選、新自由クラブ入りしたが、路線論争にイヤ気がさし、54年秋のそれには無所属出馬した。しかし、このときは落選し、55年6月の衆参ダブル選挙で自民党田中派から再挑戦、返り咲いた人でもある。〝列島改造派〟としても知られていたこの大原が言ったものである。

「田中さんは国土政策に関しては、全世界でヒトラーに次ぐナンバー2だと思っている。ヒトラーはドイツでアウトバーンをつくり、各地に30万都市をつくった。日本も都市部の政策の根本的見直し、地方都市の育成をやらなければやがてゼロ成長になってしまう。その意味でも、田中さんの列島改造論が惜しまれた。

私が大蔵省主計局の課長補佐のときでした。時に、田中さんは池田内閣の大蔵大臣。ちょうど、総理大臣はじめ国家公務員特別職に対する新しい給与の決裁を田中大蔵大臣に求めに行ったんです。田中さん、書類に目を落とすと『こりゃあ池田（総理）のオヤジは怒るゾ』と言われる。通常、こうした場合は大蔵大臣のハンコで決まるもんですから、私は意味が分からずキョトンとしていた。

しかし、田中さん、ただちに箱根で静養中の池田さんのところへ電話を入れましてね。池田さんの大きなシワガレ声がビンビン響いてきまして、聞けば案の定、『オレが目を通すまで絶対にハンコをついちゃならんゾ』と。池田さんという人は、こんなことでも自分でやらないと気がすまない性格だったのです。田中さんは黙ってハンコをついたら、池田さんのご機嫌をそこねてしまうのをよく知り抜いていましたね。

そのように、田中さんという人は、上の者も下の者も個々の性格、人物像をじつに些細なところまでつかみ切っていた。私の知る限り、そこまでの政治家は一人もいなかった」

エピソード㊹

ナルホドの「カネの効用」

「よくも悪しくも保守政治の〝陳情ルール〟の糸口をつくったのは田中角栄である」と、田中と同じ旧〈新潟3区〉内のある野党議員がこう言ったことがあった。

「国会議員への陳情は手ぶらではダメ、何らかの誠意が必要なこともある。つまり、依頼された人物は陳情処理のために動く足代であったり、そのための役人接待も必要なときがあるわけです。

かつての田中さんの場合は、例えば自治体の市長、町長が5万、10万とかを持ってお願いに行っても、必ず全部をフトコロには入れることをしない。1割から2割くらいは、『キミも必要だろうから持って行け』とやるわけです。これには市長、町長だってワルイ気の起きようはずがない。選挙区に戻るとさすがに〝田中人気〟にはね返っていて、連中は『田中先生はほかの議員とは違うナ』と、これはもう異

常なくらいの敬服ぶりなんです。引き受けた陳情は必ず実現させてみせてくれるということも一方にあったが、カネについての人心収攬ぶりにも、これは端倪《たんげい》すべからずのものがあった」

田中の選挙区での往時の圧倒的強さの秘密は、こんなところにもあったという話である。

一方で、田中にはカネについて「10倍の哲学」というのがあった。

例えば、香典の政界での相場が20万円であったとする。ところがこの場合、田中は躊躇なく200万円を包んでしまうのである。もらったほうは、とにかくケタが違うわけだからこれは驚く。と同時に、さすがにジワジワと田中という人物に興味を持ち出すハメになるのだそうだ。現に新潟越山会の会員である長岡市の某市会議員などは、奥さんを亡くした際ポンと100万円の札束を差し出され、めまいを起こしそうになったという話もある。某市会議員氏はその100万円で立派な仏壇を買う一方、田中の選挙にはこれまで以上に身を粉にして活動していたものだ。その後の田中派増殖のウラには、この手でド胆を抜かれてマイッてしまった議員も少なからずいたという話も聞く。

人間は、驚くと改めて対象物を見直すという性癖があることも知っておきたいものである。

ロッキード事件で再保釈手続きを済ませ東京地裁を出るところ

エピソード㊺ 術策なしの人間関係

選挙で落選していた旧〈千葉3区〉のハマコーこと元代議士の浜田幸一を「叱咤・激励する会」が開かれたのは、昭和56年7月7日であった。場所はホテル・ニューオータニの「鶴の間」、時の世話人代表はかつての「青嵐会」時代の親分・中川一郎科学技術庁長官で、田中角栄は発起人の一人に名を連ねていた。

当日、某テレビ局美人レポーターが会場で〝待伏せ〟、出席者たちに「ハマコーさんの政界復帰という空気をどう思うか」とマイクを突きつけていた。

しかし、マイクが田中に突きつけられたとき、田中は凄みのある声で一言、「浜田クンが政治家として必要か否かは国民が決める。テレビ局が決めるのではないッ」。

この勇敢な美人レポーターはさすがに圧倒されたか、哀れ、顔をこわばらせていたものだった。

その後、セカセカと壇上に上がった田中は、しかしご機嫌にこう言ったものであった。

「ここに入る前に、テレビ局から日本の政治家として浜田幸一クンが必要かと聞かれましたが、私は言ってやった。『それはキミたちが決めることではなく、国民がちゃんと決めてくれることだ』と。まァ、しかしなんやかやいえば、すぐ自分と浜田クンをワル者にしたがるのは、これは間違っておるッ。中川（一郎）クンや渡辺（美智雄）クンが同じようなことをやっても、ちっともワル者にされない（と、列席の両大臣に視線を送ってニヤリ）。

浜田クンは青年時代、少々グレとったが、アレは昔のことだ。何の道へ出ても、浜田クンは必ず一旗上げる男でありますッ。些細な問題で引退したのはこれはいかにも残念、国家のためにもカムバックをさせせんといかん。議席を獲得しなければならんのであります、皆さんッ！」

会場は国会議員のほか、なんと選挙区からを中心に5000名と大盛況であった。結果、ハマコーは次の総選挙で復帰を果たしたのだった。

エピソード㊻ 「敵」を動かしたこんな手

旧〈熊本2区〉出身の園田直代議士といえば、外務、厚生などの大臣を歴任したヤリ手だったが、夫人の松谷天光光女史との〝白亜の恋〟でも艶名をはせたことでも有名だった。もっともこの園田、それまで田中の足を引っ張ることもたびたびあって、自らが国対委員長時代には福田赳夫に付き、田中が推進しようとしていた大学法案に二の足を踏んだこともあったのだった。

のちに、政治部記者が言っていた。

「結局、大学法案は通ったわけだが、その直後に〝園田直を励ます会〟があった。田中は大学法案で足を引っ張られたにもかかわらずこの会に出席、園田と天光光の恋愛をホメたたえるなど、しきりに園田を持ち上げていた。さすがに園田はフクザツな顔をして聞き入っていたが、その後、天光光の父親が死去したとき、田中は神

奈川までクルマを飛ばして弔問に向かったのだが、道路が混んで結局は引き返さざるを得なかったことがあった。この話をあとで耳にした園田は、『ホトホト感動したなァ』と言っていたが、これ以後あまり田中の足を引っ張らなくなっている」

その後の「角園」両者の関係は、きわめて〝蜜月状態〟で推移していたものだった。

先のハマコーと同様、園田もまた田中一流の「誠心誠意」に、してやられてしまったということだった。

田中という人物、術策で人と接することはまずなかった。改めて、相手への気配りが優先する人間関係が特徴だったということである。

エピソード㊼ 山口淑子（李香蘭）もビックリの気配り術

中国の撫順に生まれ、昭和12年「李香蘭《りこうらん》」の名で映画界入り、『暁の脱走』などで一世を風靡《ふうび》した山口淑子《よしこ》（のちに結婚して大鷹姓）は、フジテレビ「3時のあなた」の司会などで活躍するなか、田中角栄に乞われて自民党参院議員となった人物であった。

人柄は誠実で、高齢化社会、中国残留日本人孤児、外国人労働者、親アラブ派としてパレスチナ問題などに取り組んでいた。環境政務次官のほか、参院沖縄北方特別委員長、党外交部会長代理、沖縄振興委員長などを歴任、田中角栄をして「外務大臣も務まる能力がある」と言わせたものであった。

その山口には、筆者は参院議員当時に何度か取材をさせて頂き、その後、議員バッジをはずしてからも、週刊誌の連載企画などで10回ほど取材記者としてタッグを組んだ思い出がある。

その山口と鹿児島への取材で同道した際に、山口から田中との次のようなエピソードを聞かされたことがあった。ちなみに、鹿児島への同道は、ある事件で死刑が執行されてまだ間がない青年の母親を、山口にインタビューしてもらうためであった。筆者は事前に取材しておいた内容、事項を山口に伝えてあったが、このいささか重いテーマを核心をはずすことなく、見事な〝聞き上手〟ぶりを発揮してくれたことが印象深く残っている。

さて、山口による田中の気配りエピソードである。

「先生（田中のこと）は、私のことを山口と呼ばず、ふだんから李香蘭、李香蘭と呼ばれていた。ある日、夜10時過ぎた頃、先生から突然の電話が入ったのです。『いま、君の大ファンの皆さんと一杯やっている。君にぜひ、会いたいと言っとる。すぐ、来れんかね』と。で、『どちらへ伺えばいいんでしょうか』と聞くと、『（新潟県）長岡だ。ヘリコプターを出させるから、すぐ来るように。1時間もあれば、こっちに来られるだろう』でした。

結局、『いまから新潟へは無理です』と、ご遠慮させて頂きました。女性ですか

ら化粧もある、車でヘリの発着場までも行かねばならない、ヘリが到着してもそこからまた車でしょ、とても1時間や2時間では無理でした。午前零時はとうに過ぎてしまいますから。

『そうか……』と先生、電話口でなんともガッカリされていたのがよく分かったものです」

ここでの山口の〝驚嘆〟は、大きく3つあったと思われる。

余人がとても考えのつかぬ、深夜にヘリで来てくれという発想が一つ。もう一つは、支援者の「李香蘭に会いたい」という想望になんとか応えてあげたいという田中ならではの気配りの凄さ。そして3つは、「そこまで君を買っているんだ」とする田中の山口に対する気配りということである。

ここでも、田中の物事の対応への全力投球ぶりが垣間見られたのだった。

エピソード㊽

「人情の機微」に籠絡された2人の代議士

旧〈福島2区〉出身の渋谷直蔵代議士といえば、労働省の初代官房長から「役人の限界を知って」政界入り、自民党広報委員長、自治大臣などを勤めあげた旧三木（武夫）派の幹部であった。その渋谷がこんな述懐をしてくれたときがあった。

「去年（昭和55年）10月に私の家内が亡くなったんです。密葬を東京で、その後郷里の福島で本葬をやったのですが、遺骨を持って帰った私に地元の秘書がこう耳打ちしたんです。『政界では、田中角栄先生からの生花が一番早かったですよ』と。ところが、フシギなことに本葬まで1週間もあったのに、この花がまったく枯れていない。重ねて聞くと、『田中先生のほうから、生花がしおれるといけないから途中で新しい花を替えておいてほしいと、花屋に指示があったようで、また新しい生花に替えられました』と言う。私は、それを聞いてさすがにびっくりした。まして

や私は、田中派とはしばしば対峙した三木派、他派の人間です。花などは頂くことは多いが、そこまで気遣いをしてくれた人はこれまで一人としていなかったのです」

後日、渋谷が平河町の田中事務所にお礼に行くと、田中は渋谷の肩を抱きながら、「大変だったなァ」と激励したという。渋谷は改めて、「やはりうれしかった。田中派のキズナの強さをみた思いがした」と述懐したものである。

また、旧〈埼玉4区〉出身の野中英二代議士も、そうしたツボを押さえられてしまった一人であった。

野中のお母さんが亡くなったのは昭和53年6月、入院中のがんセンターであった。野中は大袈裟にしたくないという配慮から、あえてこうした場合の通例である自民党本部への報告をやらなかった。ところが、である。政界からの弔問一番客に、どこでどう知ったのか田中角栄が現れて野中をこう激励したというのである。

「母親を亡くすというのは、いくつになっても寂しいもんだ。しかし、政治家としての公人のキミは別だ。頑張らなくてはいかんぞ」

激励をうけた野中は当時中曽根（康弘）派だったが、そんなこともあってその後は田中派にクラ替え、「農業問題の野中」として同派の中堅どころを張ったものだった。この田中派の一人増員は、田中の人情の機微を突いた〝成果〟でもあったのだった。

「目白御殿」で三木武夫と

エピソード㊾

男が恥を忍んで頭を下げてきたら、できるだけのことはしてやれ

田中角栄の〝懐の深さ〟は知られたところだが、たとえ敵対関係にあっても相手が窮地にあったら後先考えずに手を差し伸べるのも、また「田中流」と言えたのであった。

他派閥で、常々、田中の「金権」を批判している議員が、あるいは対立する野党議員の中にも選挙のカネが足りないと泣きを入れてくるときがあった。派閥の親分などからはスズメの涙くらいしか助けてもらえず、野党議員ならなおさらであった。結局「困ったときの角さん頼み」で、恥ずかしながら田中のもとを訪れることがあったとは先にも記した。そのたびに、田中は「頑張れ」と言って援助をした。しかし、その後、決して「オレの派閥に入れ」などとは言わなかったことが特筆に値したのだった。

加えて、田中はそうしたことを他言することが絶対になかった。黙って助けてやっていたのだった。田中が幹事長時、裏で「自社」両党の話し合いの余地が生まれていたのはこうした背景もあったということでもある。

田中は言っていた。

「男が恥を忍んで頭を下げてきたら、できるだけのことはしてやるものだ」

エピソード㊿

ケチに説得力はない

各省の大臣には、いわば〝交際費〟として自由に裁量できる予算枠がある。年間それなりの額が計上されているとされている。大臣のなかには自分の政治活動まがいの使い方をする猛者《もさ》もいたようだが、気配りに長けた田中角栄は一味違っていた。郵政に始まり大蔵、通産の各大臣でも、これにビタ一文自分で手を付けることはなかったと言われている。

二人の大蔵省担当記者が言っていた。

「すべて次官以下に任せ、『君たちが必要なときに使え』としていた。官僚たちは喜んだ。自分たちの飲み食いはタダ、しかも上の者は部下にいい顔ができる。まさに、田中大臣サマサマだった」

「田中は一方で、身銭も切っていた。次官、局長、課長クラスまで、盆暮れの〝私

的ボーナス〞として数十万から１００万円を渡していた。海外視察などの出張でも、ポンと白封筒を渡して言っていた。『大いに勉強してくることだ。帰ったら、向こうの話でも聞かせてくれや』と。大蔵官僚を牛耳った側面でもあるが、こうした手法のよし悪しは別にして、部下に対しカネをきれいに使えるかは上司として人を動かす大きな要素になることを知った」

ケチに説得力はないと、知るべきであるようである。

エピソード㊿「負けるが勝ち」の心得

「遊び」における、上に立つ者の要諦である。

真剣勝負の仕事で、対人関係が濃密になっていくということはむろんある。しかし、これは相手の顔色を見て物事を進めることが避けられない。要するに、スッ裸になった関係とは言い難い。何らかのわだかまりがついてまわるということも多々ある。

ところが、遊びを共にすると、この関係が変わる。できれば、〝罪悪感〟を共有するような遊びが好ましい。目と目で笑い、互いに人差し指を唇に立てて当て、「アレはなしだよ。また、こんどぜひ行こう」などと。これで多少、仕事上でミゾ、距離があったとしても、お互いの努力でそれは埋められることになる。

しかし、近しい間柄でのダメな遊びは勝負事である。取った取られた、勝った負けたでカッカしていると、勝ったほうはいいが負けたほうはそうはいかない。結局、「あのヤロー」ということになる。

ましてや部下が上司に巻き上げられる形になると、それまでの良好な関係とは打って変わって一歩外へ出ると陰口、あるいは愚痴の〝つぶやきシロー〟になってしまう。上司にとっては、巻き上げたわずかな金額以上の〝リスク〟を頂戴することになるということである。

田中は昭和49年暮れ、首相退陣直後、その影響力を残すためモーレツな派閥拡大策を取った。まさに、「数」による権力の温存ということであった。

そんなある日、田中派の議員が内輪で麻雀卓を囲んでいたところを目撃することになった。

それを見て、田中は言った。

「麻雀をやるなら、他派とやれ。リーチがかかれば、まず振り込め。負けはオレが払ってやる」

どういうことか。

敷衍《ふえん》するなら、田中はこう言いたかったようである。

「仲間うちで取った取られたと喜んでいて、お前たちはいったい仲間を増やすということをどう考えているのか。やるなら、他陣営の連中とやって気脈を結んでこい。相手がリーチときたら、待ってましたと振り込んで相手を喜ばせてやれ。勝った相手が『いや、今日は楽しかった』と帰れば、こちらの勝ちなのだ。負ければ『アイツは！』ということになるが、勝てばこちらに愛想のひとつも言いたがる。話の糸口はできる。そこから物事は始まる。麻雀の負けなどは、ワシのところに言ってこい。払ってやる。先を読めば安いものだ」

つまり、田中にとってのこうした派閥拡大策は、ビジネス社会でも同様だということである。商売相手と勝負事で遊ぶなら、絶対に勝ってはいけない。相手に〝花〟を持たせよ、これが無難のようである。麻雀の数万円の負けが、のちに数千万円あるいは数億円の商談成立という形で返ってくることがあることを知るべきである。

「負けるが勝ち」を心したい。

エピソード52

部下を叱るときはサシで、褒めるときは人前で

田中の秘書を長く務めた早坂茂三（元政治評論家）は言っていた。

「オヤジ（田中）さんは問題がある議員を呼び出すと、必ず余人を交えずサシで叱った。これで、議員は失態を他の人に知られずにすむ。〝助かった〟ということだ。これで、オヤジへの敬意が、また改めて強くなるということでもある。

しかし、褒めるときは一変、人前でやることで点数をかせがせていた。あのオヤジさんから皆の前で褒められるのだから、得意にならない議員はいない。改めて、オヤジへの信頼度も高まるということになる」

エピソード㊸ 二階堂元副総裁が田中に心酔したワケ

のちに、田中と〝合わせ鏡〟と呼ばれ、自分自身は「オレの趣味は田中角栄」と言ってはばからなかった二階堂進（元自民党副総裁）は、昭和38年、衆院の商工委員長を務めていた。

時に、ジェトロ（日本貿易振興会）では翌年度予算編成にあたって、5億円の出資金増額を要求していた。当時のジェトロは20億円の政府全額出資で昭和33年に特殊法人としてスタート、日本の貿易振興のための海外市場調査、取り引きの斡旋などを事業目的としていた。時の理事長・杉道助はこのジェトロの発展が日本経済発展のカギと認識、情熱を傾けていたのだった。ために、5億円の出資金増額を政界に根回し、それをとりわけ商工委員長の二階堂を頼ったのである。

それを引き受けた二階堂は、時の田中大蔵大臣に掛け合い、田中から翌年度予算に入れることでオーケーをもらっていた。しかし、なぜか予算案の内示では入っていず、ゼロ査定となっていた。血の気の多い二階堂はただちに大蔵大臣室に駆け込み、約束違反を田中にねじ込んだ。すでに、予算決定閣議も迫っているさなかにである。

これに、田中は言った。

「そうか、すまなかった。オレのチェック不足だった」

ただちに、予算担当の大蔵省幹部を呼びつけ、「いますぐ、ジェトロに5億円！」と命令、すぐさま政府と各政党に出す印刷物も刷り直させたのだった。閣議を当初の予定時刻より1時間遅らせるという、離れワザの挙げ句であった。結果、二階堂は杉との信義をすんでのところで守れ、面目をほどこした。

のちに、このときのことを二階堂はこう言っていた。

「時間的にも、普通なら不可能に近いことだったが、田中さんは閣議時刻を遅らせるまでして〝男の約束〟を守ってくれた。これを契機に、私の田中さんへの見方が変わった。それまではブルドーザーのような政治力だけの人かと思っていたけど、実行力、自分のミスを認める素直さも身につけている。杉さんはこの予算付けを心

から喜んで、〝冥土の土産〟に翌39年に亡くなった……」

田中に惚れ込んだ二階堂は、のちに田中派が事実上の竹下派に衣替えした後もこれに乗らず、無所属を通すことで田中に殉じた形を通したものであった。

一方、戦国時代の豊臣秀吉も、「約束を守る男」で知られていた。また、殺戮《さつりく》による戦争を好まない男でもあった。むしろ、敵方から裏切り者を出すことを仕掛け、足元から敵の態勢を崩すという戦法を多々用いたとされている。

しかし、主君の織田信長は直情径行の性格で鳴っており、いざ裏切りでこちらの味方となった人物を許さなかった。「殺せ！」である。そのたびに、秀吉は苦悶した。こちらの味方になった者には、「命は保証するから」としたものだったからである。だが、秀吉はこの点だけは信長に譲らなかった。裏切り者を、体を張って逃がしたのである。やがて、信長もこうしたことを容認、秀吉の人気は敵対する諸大名の間でも高まった。こうして、人の心をつかんだということでもあったのである。

エピソード54 人と会うのが醍醐味になってこそ本物

田中角栄くらい、人と会うことを厭《いと》わない人物も珍しかった。とにかく、積極的に会った。それも、肩書、地位のある者たちだけでなく、仕事のやりとりとは無関係な人たちにも会った。先にも紹介した、熱が39度もあるのに上京してきた青年議員たちと会ったエピソードなどが、その典型である。

「ものを頼まれることが、うれしくて仕方がないという人なんだ。普通なら面倒なことはできるだけ避けたいものだが、田中さんの場合は頼まれると逆にうれしそうな顔になる。うれしそうに引き受けてくれるから、頼むほうも負担にならずホッとする。同じ頼み事を引き受けるんなら、快くやったほうが勝ちということでしょう。加えて、アフターケアも凄い。僕なんか旅先にまでわざわざ電話をもらったことがある。『やはり、あれはこうしたほうがいいな』と。いかに真剣に相手の話を

聞いていてくれたかということ。感激したね」（**森下泰**《たい》**・元参院議員**）

「例えば、連続して人に会い、疲れて休んでいるとき、またお客さんが来ることがある。こうした場合でも、まず田中さんは会う。『わざわざ出向いてきたんだから』なんて言いながらね。政治家は人に会うのが商売だが、私もここまではなかなかできない。『人と会うのが醍醐味《だいごみ》**になってこそ本物』と、よくわれわれに諭していた」**

（中西啓介・元防衛庁長官）

人と会うメリットとは、いったい何だろう。

一つには、情報が入るということである。しかるべき人物と会えば、もとよりしかるべき情報が入る。しかし、毎度、第一級の情報が入るわけでもない。田中の場合は広く、誰とでも会ったと記した。ここにこそ、情報アンテナの質と量においてメリットがあるのである。

雑多な話の中で、ちょっと耳にした話が、後になってなるほどなという場合は少なくない。また、こんなことが〝次の一手〟を決める要素になるということである。

「政治家の実力は、集まる人の数に正比例する」と言われる。人が集まれば、おのずと広範な情報が入る。人の集まらない人物は、その逆である。情報の乏しいリーダーは、これ自体でリーダーとは言えない。政治もビジネスの世界また同じである。

ホワイトハウスでリチャード・ニクソンと会談（ホワイトハウス・ホームページ）

エピソード55 社会は下で支える人で成り立っていることを知る

田中における上下関係での差別の目を持たぬ「平等意識」は、この言葉に収斂《しゅうれん》されている。誠心誠意、下の者に対しても心からの感謝が自然に出てくるのが田中だったということである。

昭和47年7月の「角福」自民党総裁選を前にして、田中本人はもとより田中派議員、そしてそれら田中派議員の秘書で構成する秘書会が燃えた。とりわけ、この公設、私設合わせた約400人の秘書会の働きは、田中派「秘書軍団」と言われ、田中勝利の原動力になっている。

また、田中派議員の車の運転手さえも、一番早く正確な情報を届けることで、田中勝利に一役買っていたのである。何派の議員の車がライバルの福田赳夫の事務所に入っていっただの、どこどこの料理屋に何派と何派の幹部が集まっただの、激しい多数派工作の〝一級情報〟が運転手によってもたらされたのである。

そうしたなかでの、元田中派秘書のこんな証言が残っている。

「われわれは当時の砂防会館《さぼう》（東京・平河町《ひらかわ》）の田中派事務所で、夜中の12時、1時、場合によっては明け方まで田中先生の立候補挨拶状など文書の発送業務をやった。そんなさなか、ひょいと田中先生が入ってくる。ほとんど毎晩です。われわれを見て開口一番、『いやぁ、すまん。本当に苦労をかけてすまん』と誠心誠意、心からの感謝の気持ちを示される。微塵《みじん》も偉ぶったところを見せない。普通、田中先生くらいの大物議員が、われわれにあんなふうに礼を言うことはあり得ない。当時、『田中先生とは死ぬまで一緒だ』『先生の号令なら矢でも鉄砲玉にでもなれる』という秘書がいっぱいいいました。むべなるかな。われわれは、田中先生とのこうした紐帯《ちゅうたい》を〝田中民族主義〟と称していた」

政治というドライな世界での人間関係を、「民族主義」にまで高めてしまったのだから、この求心力は強い。結局、このときの総裁選で、福田はこうした支持基盤の求心力の違いもあってか田中の後塵を拝したということだった。

こうした田中の巧み巧まざる人心収攬術は、のちの昭和53年の総裁選予備選挙で福田赳夫と田中の「盟友」大平正芳が、事実上の一騎打ちを演じたときにも見られた。このとき、大平は田中派の全面支援を受けて逆転勝ちしたのだった。

「大平先生の勝利が決まった直後、田中先生からじきじきの呼び出しがあった。伺うと、『本当にご苦労をかけた。君たちのおかげで大平は勝った。ありがとう。少ないが、これで皆で一杯やってくれ』と封筒を出された。カネの多寡《たか》ではない。後で酒場でグラスを交わしながら出るのは、『田中先生がカシラだからやれた』という声ばかりだった。あのときは、われわれは本当に泥まみれになって、大平支持の取りつけに歩き回った。そんな戦士が、戦い終わってホッと一息ついているところに、田中先生はじつに見事に切り込んでくる。それも巧まずして、自然にです。つまり、われわれにとっては〝泣かせる男〟だったということです」（秘書会の元幹部）

ポイントは、ここでも誠心誠意である。「すまん」と頭を下げられて、不愉快になる者はいない。社会は常に下で支える人で成り立っていることの認識を持つことが大事だ。

「駕籠《かご》に乗る人、担ぐ人、そのまた草鞋《わらじ》をつくる人」で、世の中は成り立っているということである。

エピソード56

物事にマメであることを厭《いと》うな

田中角栄という人物は、あるときは市長、またあるときは大蔵大臣、さらにまたあるときはヒラ議員にして総理大臣まで〝兼任〟しないとガマンならぬヘキがあったという証言である。

「（新潟県内を流れる）加茂川は、昭和42年、45年、47年と氾濫《はんらん》、そのたびに大水害を起こした。42年のそれでは、田中先生、時に自民党幹事長だったが、氾濫の翌日には作業服、ゴム長靴姿でスッ飛んでこられた。ただちに加茂市役所の市長室に陣取ると、当時の吉田という市長に檄《げき》を飛ばしていたね。『カネの心配はいらんッ。まず防疫が先ッ』とね。これまさに、〝市長兼任〟といったところでしたナ」（新潟越山会加茂市連絡協議会会長だった時田孝策）

「陳情のため、東京の料亭で先生に会った。ちょうど総選挙直後の内閣改造、党人

事の異動でてんてこまいの時期で、時の幹事長は佐藤栄作さんだった。座敷で田中先生と話をしている途中、この佐藤さんから電話が入ったんです。聞き耳を立てているとどうやら人事の相談ごと、田中先生まるで自分で政治を動かしている感じで、逆に佐藤さんに指示していた。時に、先生たしか自民党の一総務にすぎなかったハズなんだが」（新潟県北魚沼郡入広瀬村村長だった須佐昭三）

「福田赳夫が大蔵大臣のときだった。目白に取材に行くと、大蔵大臣でない田中はここで自動車重量税に関する大蔵省省議を開こうとしていた。『大蔵省の連中が来るから、今日はお前もう帰れ』と言うんだ。仕方なく帰ったが、あとで聞くと当時の鳩山威一郎事務次官以下、局長クラスが全員集合だったそうです。あの当時、〝大蔵大臣〟は2人いたことになるワケです」（政治部デスク）

こうしたことは、田中派幹部だった竹下登などはたびたび直面していたらしい。

その竹下が言っていたものである。

「郵政大臣を辞めて無役の田中さんが、当時の佐藤栄作大蔵大臣の初の予算編成を、一人で取りしきっていたのにはホトホト感心した。大蔵省大臣室の応接室をのぞくと、蔵相でもない田中さんが自民党の各部会長あたりを相手に丁々発止とやっ

ている。『どうだッ、この辺で手を打ったら！』なんて、例のシオカラ声でね。

あるいは、組閣のときも同様だった。これは昭和39年11月のことで、私は官房副長官と決まって官邸に呼ばれた。ちょうど秘書官室で待っていたのが田中さんで、『おっ、来た、来た。竹下君ッ、君は官房副長官だ。しっかり頼むよ』。ありゃあ、総理大臣兼任のキモチじゃあなかったのかなァ」

〝角栄七変化〟のオソマツといったところだが、相手への気配りの本領はマメであることかもしれないということでもある。

エピソード57

相手が敵に回らなければ十分とする考え

田中角栄の秘書にして「越山会の女王」と呼ばれ、その「金庫番」でもあった佐藤昭子《あきこ》は、田中が倒れたあと田中事務所を閉鎖、その後、独立して自らの事務所を開設した。その佐藤から、筆者が直接聞いた話である。佐藤女史は田中が自民党幹事長の頃、自民党議員のみならず選挙資金に困った野党議員もまた、田中に援助を仰ぎに来ていたことを知っている。

佐藤は、こう言っていたものだった。

「田中事務所には、時々、隠れるようにして野党議員が顔を出していた。そのなかには、選挙などでの資金援助の要請もありました。そのたびに、田中はホイホイといった感じで出してやっていた。あるとき、私が田中に『どうして野党議員まで助けるんですか』と聞いたら、田中の弁はこうだった。

『いいか。ワシは助けてやっても、彼らが味方になってくれることは期待していない。大事なことはいざというとき敵に回らなければ、それで十分なのだ。おまえは、政治、人生というものが、まだ分かっておらんな』と」

味方を増やすのもいいがむしろ敵を減らすことにエネルギーを注ぐことが、どんな組織、社会であれリーダー最大の気配りではないかと、田中はそう言っているようである。

エピソード㊿

「気配りの鬼」竹下元首相の哲学を学ぶ

時に「親分」の田中角栄に疎《うと》まれながらついには天下を取った竹下登元首相だったが、その気配り術は田中角栄に匹敵、あるいはそれ以上との見方もあっただけに触れておく必要がある。〝田中譲り〟のということでもある。

さて、その竹下、「調整型リーダー」として歴代首相の中でもこの人の右に出る者はいないとする声が多かった。それを踏襲したのが、弟子筋にあたる小渕恵三元首相でもあった。

竹下という政治家は、「三角大福中」と呼ばれたいわば熾烈な権力抗争の中から勝ち上がってきた実力型宰相のあとを継いだという意味では、「三角大福中」のあとの最終ランナー的に位置づけができる。自らが政権の座を降りたあとの宇野宗佑、海部俊樹、宮沢喜一、細川護熙、羽田孜、村山富市、橋本龍太郎、小渕恵三といった政権の誕生に、いずれも大なり小なり関わりを持ってきた。こうしてみると竹下は、「キングメーカー」の一方で、諸々の内政・外交の政策推進に長期にわたって多大な影響力を駆使してきた点、野党にも影響力を保持していた点などをみれば、「三大福中」をはるかに超えた田中角栄に匹敵する実力者だったと言えなくもないのである。

また、全盛期に「竹下詣で」の言葉があったように、政局、重要政策推進の節目節目には、竹下のもとに政財官界の要人が陰に陽に集まり、指南を仰いだものであった。そうした広大な竹下人脈また全国津々浦々に通じ、それを機能させる一方で自他ともの政界一の選挙事情通、すなわち「選挙の神様」視もされていた。それはそっくり、田中角栄の往時に酷似していたと言って過言ではなかった。

唯一、田中と異なるところは、田中が周囲に気配りを見せながらも最後はほどほどのところできわめて強いリーダーシップを発揮した「英雄型リーダー」であったのに対し、竹下は最後の最後まで周囲の異論に我慢と辛抱、すなわち独得の〝忍耐哲学〟をもって物事の軟着陸を目指したといった徹底した「調整型リーダー」であった点だ。

その竹下は、まず人を叱ったということがなかった。なにしろ、子供を叱ったことがない、夫人を怒鳴ったこともこれまで一度としてなかった人だから、ましてや他人様に怒りをぶつけるなどということはしたことがないのである。言うなら、「平和主義」の権化という人物でもあった。

衆院副議長だった渡部恒三はかつて自民党竹下派に所属していたが、こんなことを言っていた。

「竹下さんの娘さんから聞いたことがある。『父からは、怒ってはダメだ、我慢せよ、人に迷惑をかけるな、いい子になりなよ、とばかり言われていたのを覚えています』と。そのくらいだから、竹下さん自身は決して怒らない、他人の悪口を言うのも聞いたことがない、またどんなに不満があっても相手をギリギリまでやっつけるということもしない。竹下派のメンバーで、注意、忠告は受けても竹下さんに怒られた経験のある人は、おそらく一人もいないと思う。『我に七難八苦を与え給《たま》え』で有名な出雲（島根県）出身（竹下は島根県出身）の山中鹿之助にソックリだな」

しかし、竹下の凄いところはこうした中で妥協点を徹底的にさぐり、最後は自らが考えていた〝落としどころ〟にしっかりと落としてしまうという点である。野球のピッチャーで言えば、速球でバッタバッタと三振を取るのではなく、多彩な変化球で巧みにコーナーワークを決め、打たせて取るタイプである。挙げ句、最後は相手は完封され、自らはシーズン終了後には確実に15勝前後は稼いでしまうという一流のピッチャーと言えるだろう。

そうした竹下のリーダーシップのバックボーンは、何よりも究極とも言える気配りにあった。

その点について、竹下と「盟友」関係にあった金丸信（元副総理）が、こう話したことがある。

「冗談めかしに、竹下は『気配り、目配り、カネ配りで政権を取った』などと言われたが、彼には決して誰もマネのできないところがある。オレとは同期（昭和33年の初当選組）だから彼のことはよく見てきているが、なんと言っても非常に緻密な気配り、それによる根回しのうまさがある。だから、佐藤（栄作）総理にも可愛がられたし、若くして官房長官のイスにも座った。オレは、羨望《せんぼう》と一種のひがみさえ感じたものだ。また、国会対策のうまさ、これも比類がない。竹下のすべての言動は、野党に信頼されているということだ。

また、先に決断ありきのタイプではないが、こうと決めたら慎重にまとめていって、最後はキッチリ落とすところに落としてみせる力量は、やはり群を抜いている。『熟柿主義』を旨とし、〝和の政治〟を構築していくプロセスは、現政界ピカ一だと言っていいのではないか」

一方、竹下自身は、自らのリーダーシップを、筆者にこう語ってくれたことがあった。

「私は、どちらかと言えば〝家康型〟の政治家だと思っている。師と仰いだ佐藤総理の薫陶《くんとう》を受け、『待ち』『受け』といった手法がすっかり身についてしまったのかもしれない。佐藤さんからは、『人間の口は一つしかないが耳は二つある。ために、人の話は2倍聞きなさい』と、よく言われたものです。その言葉を肝に銘じて、ひたすら実行に移してきたわけだ。

習い性になっているのは、合意形成論者ということですね。しかし、このタイプは結論を得るまで時間がかかりすぎる。得てして、優柔不断などとも言われるから、合意形成論者であることを背景におきながらも、やっぱり誠実に物事を実行していくことが大切だと思っているんだ。躊躇《ちゅうちょ》、逡巡《しゅんじゅん》は、指揮官の最も戒《いまし》むべきと

ころとするくらいの気持ちでないといかんと思っていますね」

まさに、タダ者にあらずである。だから、人がついてきたと言える。

いずれにしても、竹下における諸々の気配り術は盗むに値する。また、この「竹下流」は田中角栄における人心収攬術に共通するところがある。人を動かし、活かす、最大のノウハウでもあると言えるのである。どうやら、こうした〝管理を意識させない管理術〟が、「竹下流」リーダーシップの真髄と言ってよかったのだ。

そうしたうえで、竹下はこうも言っていた。

「何事も、〝おのが力と思うなよ〟の姿勢でやっているわナ」

竹下の弟子筋にあたる小渕恵三も、しきりにこうした「竹下流」を踏襲していたものだった。「ブッチフォン」と言われた電話作戦も、その一つである。賛辞、時には正鵠《せいこく》を射た批判を見つけると、そうした人物に直接電話を入れ、「感謝しています」「大変参考になりました」と肉声を聞かせたりしていたのである。

平成11年春の参院予算委員会で野党の民主党の若手議員の質問を受けたあとでも、その後、その若手議員にこんな電話を入れ、大いに〝感激〟させている。

「小渕です。ご苦労さまでした。これからはあなたのような若い人に頑張ってもらわなくてはいけませんね」

初めは低支持から出発した小渕政権だったが、やがてジワジワと怪進撃を展開させたのは、小渕の〝竹下譲り〟の気配り術だったということである。

エピソード59

人の「琴線」を握る強み

竹下登のこうした気配りの妙には、一つひとつが相手の「琴線」に触れるというのも大きな特徴でもあった。つまり、相手はついホロッとさせられ、心を握られてしまうのである。もともと、気配りの本質とはそういうものである。

例を挙げる。

昭和40年7月投票の、参院選運動期間中の〝出来事〟である。当時、竹下は佐藤（栄作）内閣の官房長官、田中角栄は自民党幹事長だった。折から、田中が応援遊説で山口県から竹下の地元の島根県を通って鳥取県へ抜けた際、この〝出来事〟は起こっている。

田中が島根県入りすると、一方の竹下は地元選出の自民党候補の応援のため、すでに島根県に入っていた。竹下は山口県との境にある津和野《つわの》で、田中幹事長一行を出迎えた。竹下は田中幹事長の車の前を走る先導車に乗り、日本海沿いに京都方面へつながる国道9号線を走った。

一方、竹下の車のすぐあとを走る車に乗る田中が窓外を見ると、道路端のコンクリートの電信柱の何本おきかに、「歓迎、田中角栄幹事長」という立て看板が、なんと地平線のかなたまで並んでいるのである。やがて、米子に着いて小休止となった。米子は鳥取県だから竹下にとっては〝県外〟のハズで、竹下の先導役としてのお役はここにてご免である。立て看板は、延々そこまでは切れ目がなかったのである。

小休止のおり、田中が竹下に聞いた。

「看板は竹下クン、君がつくったんだろ」

竹下はニヤリと笑って、「まア、そうです」と答えた。

「長々と続いておったが、いったい、君はあれを何万本つくったんだ。ワシの遊説《ゆうぜい》日程はせいぜい10日くらい前に決まったもので、よく何万本もつくれたなァ」と田中。

竹下はそれに答えて、「さすがに幹事長も、私の手品が見破れませんでしたか」

と〝タネ明かし〟をしてみせたのだった。

〝タネ明かし〟は、次のようなものだった。

数はじつは1000本足らずのもので、これをまず立てておく。しかし、やがて切れる。その切れる少し前あたりを、田中の街頭演説地と定めておいた。田中は、「ヤアヤア、皆さん、田中角栄でありますッ」などとやりだす。このスキを突くのである。竹下後援会の青年部が10台ばかりのトラックに分乗、通り過ぎた看板を片っ端から回収、田中が演説をブッている間に、それッとばかり田中がこれから先に走る道路に並べ替えていく。つまり、それを繰り返しただけだったのである。

このとき田中幹事長に同行していた当時の政治部記者は、こうつぶやいていたものだった。

「田中はまず、延々と切れ目なく立て看板を並べてくれた竹下の知恵と気配りに脱帽の体《てい》だった。田中は、『それでオレはコロッと騙されたということか』と別れしな竹下の肩を叩き、去っていく竹下のうしろ姿に視線をやりながらホロリとした感じになっていた。と同時に、琴線に響くこうした気配りを駆使する竹下に、〝近親憎悪〟もまた感じたのではないか。しばらくあって、田中は一瞬、口をへの字に結

び、いささか表情をこわばらせていたからね」

例は、まだある。

のちの竹下内閣で郵政相を務めた頃の中山正暉《まさてる》代議士が、こう言っていたことがある。

「官邸の総理執務室を訪ね、これこれをやりますけど、総理は頭に入れておいてくださいなどと言っていざ出ようとすると、竹下さん『中山さん』と呼ぶんだね。『はい、何でしょうか』と振り返ると、竹下さんいわく『だいぶ忙しいようだけど、体には気をつけてくださいよ』。

さすがに、思わずジーンときちゃうんだな。つまり、ホロッとさせる達人だ。この人のためなら、やってやらなきゃならんと思わせる名手でもあった」

また、竹下もまた、こんな〝電話戦術〟があった。先の小渕恵三による「ブッチフォン」と同様である。

「予算委員会などでコブシを振り上げ、激しく追及した野党議員のもとに、夜、竹下から電話が入る。『いやぁ、いじめられちゃったが、あのご質問は大変参考になりました。またいろいろと、ご教示をお願いしたいと思っています』

人の「琴線」を揺さぶる気配りは、無敵と言っていいのである。

竹下登(左)と

エピソード⑥⓪ 相手に点数を稼がせる

「国会対策（国対）の基本は、『汗は自分でかきましょう。手柄は人にあげましょう』と心していた。あまり汗をかかないで、最後のいいところをさっと持っていってしまう人というのはどうかなと思いますよ。自己顕示性はあっていい、しかしそのへんの区別だけはつけておくのが国対の場ということです。与野党を問わず、その政治家の本質を見るには、国対をやらせてみるのが一番いいと思っている」

「私は、本当に運がいい人生を送りましたね。ほとんど選挙区に帰らないで、一度も落選したことなく当選させていただいている。親兄弟、縁者、秘書をはじめ、支持者の汗の賜物だと思っている。決して、おのが力と思ってはいけない。だから、いつも私は『おのが力と思うなよ』と肝に銘じている」

竹下登自身の弁だが、「竹下流」気配りを支えた最大の精神は、この「汗は自分でかき、手柄は人にあげる」というところにあった。言い換えれば、「相手に点数を稼がせてやる」という手法だ。

佐藤（栄作）内閣の官房長官になって間もなく、竹下は所属する佐藤派の1年生議員を集めて「きさらぎ会」という勉強会の場をつくった。この勉強会で竹下は1年生議員に政治のイロハを教えた。「委員会に出席しない奴は伸びない」「自民党の部会で発言だけして退席してしまう者がいるが、発言はともかく、初めから終わりまでいることに意味がある」などである。また、「人の意見を聴くことで大いに勉強ができる、そこが分からない奴はバカで、国会議員としては伸びない」とも言ったものである。

そのうえで、口がすっぱくなるほど言い含めたのが、「汗は自分でかけ。しかし、手柄は人にあげる。万事、そのくらいの気持ちで物事に接してみろ。そのことが、いつか自分に返ってくる」ということだったのだった。

こんな例を挙げてみる。

昭和62年11月、竹下内閣のスタートにあたって、竹下はそれまでの中曽根（康弘）政権の党役員として〝汗をかいた〟人物を自らピックアップ、そうした人物を自らの内閣にじつに11人も入れるという手に出たのだった。

ここでは、それまで幹事長代理だった宇野宗佑を外相に起用したほか、副幹事長だった梶山静六、国民運動本部長だった中山正暉、広報委員長だった石原慎太郎などが入閣を果たした。これらの中には、例えば石原慎太郎のように田中派を継承した形の竹下を必ずしもよしとしない人もいた。しかし、竹下はそれに目をつぶって引き上げたのである。

もとより、竹下は中曽根政権で〝汗をかいた〟点を評価したものだが、一方でこうした手法を駆使することで、前任首相の中曽根の面子《メンツ》も十分に立てたということでもあった。その後、例えば石原は竹下のこうした〝度量〟にマイッたか、竹下を自らの政策集団「黎明《れいめい》の会」主催のシンポジウムに招いたりで、竹下と気脈を通じるようになってしまったものであった。見事な竹下の「芸」、ということであった。

竹下は一方で、「言語明瞭、意味不明」ともよく言われた。国会答弁でもシロウトには、いったい何を言おうとしているのか分からぬところが多々あった。ベテランの政治部記者でも、それこそ意味不明、真意をさぐるのにそれこそタップリの汗をかかされたものだ。

しかし、こんな声もあった。

「ところが、答弁などをあとでよく分析してみると、質問する野党の議員に適当に点数を稼がせていることが分かる。もとより、竹下の答弁は、ピシャリと押さえているのが特徴だった」（政治部デスク）

こうした野党、すなわち相手に点数を稼がせてやるという手法は竹下の一貫した姿勢で、官房長官時代にはこんなこともあったのである。

昭和46（1971）年の第3次佐藤（栄作）内閣では、わずか半年間に閣僚が失言などで次々と4人も辞任するという事態になった。前代未聞、政権は最大のピンチである。しかし、佐藤政権は竹下の働きにより崩壊をまぬかれたのだった。

「舞台裏での野党との折衝、自民党内の調整作業は竹下の独壇場と言ってよかったのだ。竹下の平素からの〝相手への点数の稼がせ方〟が、見事に生きた場面だった」（**自民党ベテラン議員**）

こうしたことは、なにも政治家に限ることでもない。

竹下の口癖に、「司《つかさ》（役所、役人）、司に任せる」という言葉があった。ときには、必ずしも政治を先行させるのではなく、パートナーシップとしての役所や役人に仕事を残し、持ち場持ち場にそれなりの実績を残させてやろうという気配りである。つまり、一つの作業を皆が協調してやり、そのうえでこうした成果に結びついたのだと納得させる手でもある。官僚は、その気配りをよく見ていた。ために、竹下の「霞が関」への影響力は抜群で、大蔵省を筆頭に竹下に真っ向からノーと言える官庁などは一つもなかったと言ってもよかったのである。

かつて、豊臣秀吉は自らがまだ長浜城主として12万３００石の身ながら、墨俣《すのまた》築城で武功を立てた蜂須賀《はちすか》小六《ころく》に３２００石、前野《まえの》将《しょう》右衛門《えもん》に３１００石を与え、さらには応援してくれた木曽川の船頭たちにまでにも手柄としての報恩を忘れなかった。汗をかいた者すべてへの報恩をもって秀吉は人心収攬を図っていき、やがて天下を取るに至ったということでもあった。

その意味で、自らそのリーダーシップを「家康型」とした竹下の気配り術は、秀吉のそれを踏襲、加味したものと言えなくもないのである。

竹下一流の気配りは、ジワジワと漢方薬のようにあとで効いてくるのが最大の特徴だった。改めて、恐るべし「竹下流」と言える。

エピソード61

「生物はすべて劣性遺伝」との認識があるか否か

尋常高等小学校卒で高学歴なしで「ゼロからの出発」組の〝旗手〟でもあった田中角栄には、次のような人生を振り返っての感慨がある。長きものに巻かれるのではなく、そこからの脱出を目指す発想の転換ということでもある。

先にも触れたが、田中には「人間はやっぱり出来そこないだ。そこを愛せるかどうかだろう」との言葉があるが、次のそれも同様の見方と言っていいのである。**「人間を含めて、生物はすべて劣性遺伝だと知りたい。働き、勉強しなきゃ親よりバカになる。だから生物は、学習、勉強しなきゃならないようにできているということだ」**と。

例えば、親鳥が自ら幼鳥にエサの捕らえ方を教える。幼鳥はそれをまね、何度も何度もチャレンジして、やっとエサを捕えるコツをつかむ。怖がって巣から飛び立てなければ、自らエサを捕る術《すべ》が分からず、自然界で生きていくことはできない。学んで前進する以外、誰も助けてくれないのである。

田中はそのあたりを敷衍《ふえん》した形で、人間を含めた生物の生きる術は、結局のところ「学ぶ」こと以外にないとして、次のように言っている。

「かつてワシが東洋大学の講座を聴講したとき、加藤咄堂《とつどう》という有名な先生がおられ、『青年は、いまに見よ、と言う。果たして、それはいまに見ゆるであろうか。ままならぬ浮き世かなと。一滴の涙に、過去を追懐するやとなってはならない。そのためには、勉強することだ。そして、人生は自信を持つことだ』と、こう言われた。（その言葉は）髪に霜を置いたいま、なおワシの胸底を去らないでいる」

「劣性遺伝」としての生物としての人間は、しょせんは一人で生きなければならない。一人で生まれ一人で死んでいくのが、まさに宿命だ。人をねたまず恨《うら》まず、常に「ゼロからの出発」を心し、ひたすら前を向いて歩んでいきたいものである。こうした中で、やがて周囲への気配りのツボが見えてくるということでもあるようである。

【参考文献】

『田中角栄　私の履歴書』（田中角栄・日本経済新聞社）、『オヤジとわたし』（早坂茂三・集英社文庫）、『宰相田中角栄の真実』（新潟日報報道部・講談社）、『田中角栄、ロンググッドバイ』（五十嵐暁郎&新潟日報報道部・潮出版社）、『私の田中角栄日記』（佐藤昭子・新潮社）、『角栄のお庭番　朝賀昭』（中澤雄大・講談社）、『田中角栄』（早野透・中公新書）、『田中角栄に聞け』（塚本三郎・PHP研究所）、『自民党幹事長室の30年』（奥島貞雄・中公文庫）、『田中角栄のふろしき』（前野雅弥・日本経済新聞出版）、『田中角栄の青春』（栗原直樹・青志社）、『文藝春秋』（平成28年8月臨時増刊号）、『田中角栄　心を打つ話』（平成28年6月・別冊宝島２４６２号）、他に、「新潟日報」バックナンバー。

[著者プロフィール]
小林吉弥（こばやし・きちや）
政治評論家。1941年8月26日、東京生まれ。早稲田大学第一商学部卒業。永田町取材歴は半世紀を超える。政局・選挙情勢分析、歴代実力政治家のリーダーシップ論の的確さには定評がある。執筆、週刊誌などでの執筆、講演、テレビ出演などで活動する。最近刊に『田中角栄名言集 仕事と人生の極意』（幻冬舎新書）のほか、『田中角栄 心をつかむ3分間スピーチ』『戦後総理36人の採点表 池田勇人がつくった宏池会を岸田文雄がぶっ壊す⁉』『高度経済成長に挑んだ男たち』（ともにビジネス社）、『宰相と怪妻・猛妻・女傑の戦後史』（だいわ文庫）、『21世紀リーダー候補の真贋』（読売新聞社）など、多数の著書がある。

写真提供／共同通信・アマナイメージズ
Bridgeman Images・amanaimages
ZUMAPRESS.com・amanaimages

田中角栄　気くばりのすすめ

2024年12月13日　第1刷発行

著　者　小林吉弥
発行者　唐津隆
発行所　株式会社ビジネス社
〒162-0805 東京都新宿区矢来町114番地
神楽坂高橋ビル5階
電話 03(5227)1602　FAX 03(5227)1603
https://www.business-sha.co.jp

カバー印刷・本文印刷・製本/半七写真印刷工業株式会社
〈装幀〉中村聡
〈本文デザイン・DTP〉メディアネット
〈営業担当〉山口健志　〈編集〉佐藤春生

ISBN978-4-8284-2684-6